MARIAGE

ET

DIVORCE

EN

DROIT INTERNATIONAL ET EN LÉGISLATION COMPARÉE

PAR

PAUL PIC

AVOCAT A LA COUR D'APPEL DE LYON
DOCTEUR EN DROIT

PARIS

L. LAROSE ET FORCEL

Libraires-Éditeurs

22, RUE SOUFFLOT, 22

1885

MARIAGE ET DIVORCE

MARIAGE

ET

DIVORCE

EN

DROIT INTERNATIONAL ET EN LÉGISLATION COMPARÉE

PAR

PAUL PIC

AVOCAT A LA COUR D'APPEL DE LYON

DOCTEUR EN DROIT

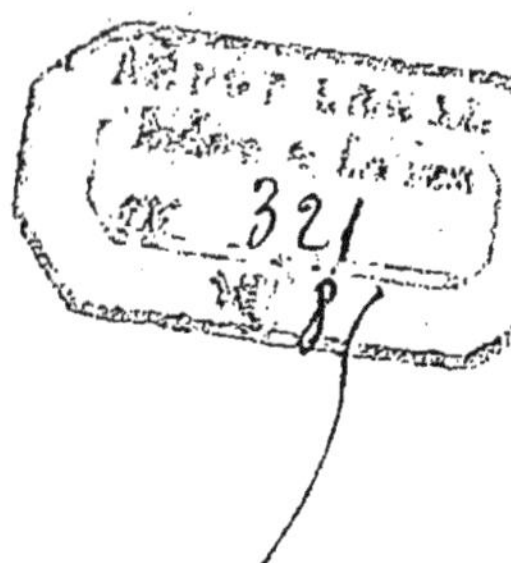

PARIS

L. LAROSE ET FORCEL

Libraires-Éditeurs

22, RUE SOUFFLOT, 22

1885

INTRODUCTION

Quelle est, en droit international, la loi qui régit le mariage, ses conditions de forme et de fond, ses effets relativement à l'état et à la capacité des époux, et ses causes de dissolution, tel est l'objet de cette étude. Il est à peine utile d'insister sur l'intérêt pratique qui s'attache à la solution de cette question complexe : à l'époque actuelle, vu la rapidité des moyens de transport qui facilite les relations et les échanges entre les peuples, les colonies étrangères prennent dans chaque pays une extension croissante, et les rapports juridiques entre étrangers et nationaux se multiplient dans la même proportion.

L'objet du droit international est précisément de régler ces rapports, de déterminer, en cas de conflit, la loi qui leur est applicable : il est du devoir de tout législateur de donner à ces conflits une solution équitable, d'après des principes définis, excluant tout soupçon d'arbitraire ; et son devoir sur ce point est conforme à ses véritables intérêts, car l'ancienne doctrine économique résumée dans cet aphorisme : « Le bien de chacun est dans le mal d'autrui, » est depuis longtemps reconnue fausse : la solidarité des peuples est devenue un axiome de la science sociale contemporaine. Supprimer, d'une part, tous les privilèges que le droit national (*jus civile*) concède aux nationaux, afin d'établir sur le terrain du droit privé une égalité complète entre étrangers et nationaux, et provoquer d'autre part l'adoption par tous les pays civilisés de principes uniformes pour la solution des conflits de législation : tel est le but que doivent poursuivre jurisconsultes et législateurs. Mais si tel est l'idéal, la réalité est loin d'y répondre ; et notamment en ce qui concerne le mariage en droit international, les divergences de principe les plus graves divisent les États, souvent même la doctrine et la jurisprudence d'un même État (la France par exemple). Sans doute, en Europe, la concession aux étrangers du *connubium*, c'est-à-dire du droit de contracter avec les nationaux des mariages réguliers, est aujourd'hui le droit commun, et les restrictions qu'y apportaient naguère encore quelques États européens tendent à disparaître : dans aucun pays d'Europe les étrangers ne sont, comme chez les peuples antiques, des barbares exclus du droit, et les unions par eux contractées en leur pays selon leur loi sont valables partout en principe. Mais quand il s'agit de régler les conditions de validité de mariage des nationaux à l'étranger, des étrangers entre eux ou avec des régnicoles sur le territoire, — ou même de faire produire, à un mariage contracté entre étrangers en leur propre pays, quelque effet non reconnu par le droit local, nous ne rencontrons plus la même unanimité : on ne s'accorde même pas à attribuer une portée absolue à la maxime : *Locus regit actum*, en ce qui concerne les formes, et le désaccord est bien plus manifeste au sujet de la loi compétente pour déterminer la capacité matrimoniale (théorie des empêchements dirimants et prohibitifs), et les effets de l'union valablement contractée. Il en résulte qu'à l'heure actuelle il est impossible d'indiquer avec certitude les conditions sous lesquelles le mariage, base de la famille et de l'organisme social, devra être tenu pour régulier, et respecté comme tel en tout pays civilisé. Comment parvenir à réaliser enfin une entente sur une question d'une aussi haute importance ? Des traités internationaux en auraient seuls le pouvoir : c'est ainsi que certains points de droit privé, en particulier les questions de propriété littéraire ou industrielle, sont déjà réglés par les traités. Mais la première condition pour la réussite d'une semblable tentative relativement à la loi du mariage, c'est un accord préalable sur la nature juridique du mariage. Il est donc utile de rechercher dans une étude préliminaire d'histoire et de droit comparé, qui fera l'objet d'un premier chapitre, comment les différentes législations ont compris le mariage : si elles l'ont envisagé comme une institution civile ou religieuse, accessible ou non aux étrangers, et quelle est la tendance *commune* actuelle des États modernes. Le deuxième chapitre de notre PREMIÈRE PARTIE sera consacré aux principes théoriques d'après lesquels le conflit des lois doit être tranché, et à l'examen des divers systèmes proposés par la doctrine.

La SECONDE PARTIE de cette étude sera consacrée au droit international *positif* : sur chaque question, nous donnerons les solutions du droit français (lois et règlements, nterprétation doctrinale et jurisprudentielle), et des principales lois étrangères. Voici dans quel ordre ces explications seront présentées :

I. DES FORMES DU MARIAGE. — *Sommaire* : Maxime : *Locus regit actum* ; ses motifs et sa portée. Restrictions apportées au principe : articles 170 et 171 du Code civil, et dispositions analogues des lois étrangères. De la compétence consulaire. — Appendice : militaires à l'étranger, indigènes des colonies.

II. De la capacité matrimoniale ou conditions de fond du mariage. — *Sommaire :* Des divers empêchements dirimants ou prohibitifs. Loi qui les régit en cas de conflit : statut personnel et réalité des lois d'ordre public.

III. Effets du mariage en ce qui concerne l'état et la capacité des époux. — Ce chapitre sera surtout consacré à l'étude de la puissance maritale et de l'incapacité de la femme mariée, au point de vue du droit international.

IV. Causes de dissolution du mariage. — Le *divorce* et la séparation de corps en droit international. — Naturalisation et divorce (affaire Bauffremont).

V. De la juridiction compétente pour statuer sur les causes matrimoniales, en droit international.

PREMIERE PARTIE

CHAPITRE I

HISTOIRE ET LÉGISLATION COMPARÉE

L'objet de ce chapitre n'est pas de présenter un historique complet du mariage aux différentes époques, mais plutôt de rechercher dans le passé l'origine et le développement graduel des principes qui tendent à s'imposer aux législateurs modernes du mariage, et qui dans un avenir incertain constitueront le *droit commun* des pays civilisés. Droit commun, disons-nous : non qu'une législation internationale unique sur le mariage soit jamais possible, à raison des différences profondes de race, de mœurs, de traditions, de tendances religieuses; ni même désirable, car elle serait une entrave certaine au progrès. Mais l'effort des jurisconsultes doit tendre sinon à supprimer la cause des conflits, du moins à donner à ceux-ci une solution rationnelle et uniforme, susceptible d'être acceptée partout. Or, dans cette voie, un grand pas a été fait en ce siècle ; le mariage civil, basé sur le respect absolu de la liberté de conscience, s'est généralisé, et cette extension est de nature à faciliter un accord international sur la question de principe ; les règles du mariage, contrat civil, ont en effet dans tous les pays qui l'adoptent de nombreux points de contact, tandis que le nombre des sectes religieuses et leur esprit d'exclusivisme font obstacle à tout accord sur le terrain religieux. Cette conception moderne du mariage civil a sa base solide dans l'histoire, ainsi que nous allons le démontrer. En effet le mariage nous apparaît dans les cités antiques, à Athènes et à Rome, comme un contrat privé, n'exigeant pour sa validité aucune forme religieuse, et ce caractère va se perpétuant durant tout le moyen âge, malgré la puissance de l'Église catholique, qui ne pourra imposer un rite religieux qu'au XVIe siècle, et à certains pays seulement. La généralisation du mariage civil durant le siècle présent n'est donc qu'un retour à la tradition, avec des modifications importantes dues au progrès du droit, dont la principale est la prescription à peine de nullité de certaines formes légales, indispensables pour assurer le respect des règles de fond du mariage et la preuve de l'état civil. Ce fait seul suffit à condamner les prétentions des catholiques ultramontains, qui, dépassant la doctrine des anciens canonistes (cette doctrine distinguait dans le mariage le contrat civil du sacrement, tout en déclarant les deux choses intimement liées), ne veulent plus voir dans le mariage des catholiques qu'un sacrement, et qualifient de concubinage le mariage purement civil.

SECTION I

Histoire

§ Ier. — ORIENT

Chez les peuples orientaux, la religion et les mœurs concourent à donner au mariage un caractère spécial qui interdit, en fait, aux Européens, de contracter mariage selon les lois de ces peuples : le droit international privé n'existe donc pas, à vrai dire, entre l'Orient et l'Europe. Le mariage polygamique y est pratiqué aujourd'hui comme dans les temps anciens ; les lois l'autorisent, et ces lois elles-mêmes ne se distinguant point de la religion, ceux qui ne professent pas la religion du pays, les infidèles, ne peuvent contracter mariage selon la *lex loci*. L'islamisme est la religion dominante, des rivages de la Méditerranée aux confins du plateau central asiatique : le *Coran*, livre du dogme et de la loi, a, dans l'ordre social, accepté l'organisation léguée par les civilisations antérieures des États conquis à l'Islam ; il a conservé l'esclavage et la polygamie, que la Syrie et l'Arabie avaient toujours pratiqués, institutions qui, se complétant l'une par l'autre, vicient, dans son essence, l'institution du mariage ; la femme du harem est plus une esclave qu'une épouse. Sans doute, les États musulmans, Turquie, Perse, etc., ont dû tolérer la présence sur leur territoire de communautés chrétiennes ou juives, ou de colonies européennes régies par leur loi personnelle, mais ce sont là des tolérances imposées par l'importance numérique de ces communautés dissidentes et par les capitulations que l'Europe a dictées : le Coran ne reconnaît à l'infidèle aucun droit, et si, en fait, une loi le protège, ce ne peut être que sa loi *personnelle*, par suite d'une sorte d'exterritorialité, qui ne procède nullement du droit international privé.

Les lois de l'*Inde*, bien plus anciennes, sont aussi hostiles à l'étranger : ce sont encore les lois de Manou (rédigées au IIe siècle de l'ère chrétienne, mais dont l'origine est bien antérieure, quoiqu'elles soient postérieures aux Védas) qui régissent les sectateurs de Brahma. Un des caractères distinctifs de la religion brahmanique, suivie par la majorité des Hindous (les autres sont musulmans ou bouddhistes), est le régime des castes : au premier rang se place la caste sacerdotale (brahmanes), au-dessous les guerriers (*kchatryas*), les commerçants (*vaicyas*), enfin les *çoudras*. Les membres de ces classes, au moins des deux premières, ne peuvent s'allier à des femmes de classe inférieure, sans être déchus et tomber au rang des *parias*, individus hors la loi. La polygamie est permise, la femme est considérée comme un être inférieur, uniquement destiné à perpétuer la caste. L'étranger ne faisant partie d'aucune caste, ne jouit d'aucun droit : Brahma le répudie. Chez certaines tribus des montagnes du Dekhan, comme aussi au Tibet, la *polyandrie* est pratiquée ; souvent plusieurs frères s'associent pour prendre femme, et les enfants appartiennent à celui de ses *maris* que la femme désigne. Une autre pratique, usitée sur les côtes de Malabar, qui remonte aux origines de la civilisation aryenne, présente un singulier contraste avec les usages des autres peuples d'Orient. C'est le *matriarcat* ou domination de la femme sur l'homme (*materfamilias* substituée au *paterfamilias* des autres groupes sociaux).

Jusqu'au XVIIIe siècle, l'État de Travancore fut gouverné de mère en fille par des princesses : dans chaque famille, aujourd'hui encore, le pouvoir est représenté par la mère et la fille aînée. « Les oncles maternels et les frères exécutent les volontés du gynécée : les pères, toujours considérés comme des étrangers, sont accueillis dans la famille, mais n'en font, pour ainsi dire, pas partie; les enfants ne sont, d'ailleurs, pas ordinairement issus du mari, mais d'un brahmane qui est censé « anoblir la race ». La terre non plus n'est pas transmise par les femmes, la mère la lègue à la fille aînée, et tous les frères la cultivent ensemble pour la communauté (1). » Cette singulière institution nous explique les légendes qui avaient cours dans le monde antique sur les *Amazones* (d'Éthiopie ou d'Asie-Mineure), ainsi que l'antique tradition de la révolte des Athéniens, appuyés par Neptune, contre la domination des femmes soutenues par Minerve Athénè, lors de la fondation de la ville par Cécrops. Au début de l'établissement des Hellènes en Grèce et en Asie-Mineure, la femme dans la tribu participait aux droits politiques, et dans la famille, la mère avait un droit supérieur à celui du père (2), et donnait à l'enfant son nom. Hérodote l'atteste pour les femmes lyciennes, Varron pour celles de l'ancienne Attique. Ces coutumes n'étaient plus guère qu'un souvenir lors de la période historique; la femme grecque avait été confinée dans le gynécée.

Les lois de l'ancienne *Égypte* étaient, autant qu'il est permis de le conjecturer, moralement supérieures à

(1) Extrait de la *Géographie universelle* d'Élisée Reclus, t. VIII, p. 543.

(2) V. *le Droit de la femme dans l'antiquité, son devoir au moyen âge,* par Louis de Backer.

celles de l'Inde. L'esprit de caste, moins exclusif, n'étouffait pas l'initiative de l'individu. La famille aussi y était plus honorée, et les auteurs anciens s'accordent à nous représenter la femme égyptienne comme associée aux travaux de l'époux. Quelle était la condition de l'étranger en Égypte? Il est difficile de résoudre cette question avec certitude (1), car à la différence des lois hindoues, les anciennes lois de l'Egypte ne nous sont point parvenues. Mais les lois *juives*, elles, sont restées. Or, s'il faut en croire les Écritures, Moïse, le législateur d'Israël, aurait beaucoup emprunté à la « sagesse des Égyptiens ». Voici ce qu'était le mariage sous l'Ancien Testament : chez ce peuple monothéiste, le divorce, la polygamie même étaient autorisés comme chez les adorateurs de Baal. Mais tous les étrangers n'étaient pas hors la loi. « Aimez l'étranger, car vous avez été étrangers en Égypte, » dit le *Deutéronome*. Aussi un juif pouvait-il épouser une étrangère, pourvu que celle-ci renonçât à son ancienne patrie. Le mariage était cependant prohibé avec les Amalécites, et autres peuples voisins « ennemis de Dieu »; ainsi l'exigeait le combat pour la vie. Les Juifs sont encore régis par leur loi personnelle (d'ailleurs modifiée) dans les pays musulmans, et même en certains États chrétiens (Russie, Autriche); telle était leur condition en France avant 1789, en Algérie avant 1870 (leur coutume admettait non la polygamie, mais le divorce).

(1) La triste situation des Juifs au temps de l'exode, attestée par les Écritures, fait toutefois supposer que la condition de l'étranger en Égypte était bien inférieure à celle du citoyen.

§ II. — GRÈCE ET ROME

Ce n'est pas seulement en Orient, c'est dans toutes les cités antiques que le mariage était une institution *nationale*, dont les étrangers étaient exclus, sans exception : la présence dans la cité d'étrangers ayant d'autres cultes était considérée comme un danger social. Mais s'il en était ainsi en Grèce et à Rome, du moins, à la différence de l'Orient, le mariage grec ou romain présentait-il les caractères essentiels du mariage moderne. C'est de la Grèce et de Rome, pays païens mais d'une civilisation supérieure, et non de Judée, que nous vient le principe du *mariage monogamique*, considéré aujourd'hui comme une condition essentielle de moralité publique dans toute société civilisée; le christianisme n'a eu qu'à s'approprier ce principe. C'est aussi à Rome que s'est développée cette haute notion du mariage et de la condition de la femme, si bien traduite par les jurisconsultes définissant le mariage : *consortium omnis vitæ, divini et humani juris communicatio* (1).

La femme grecque, comme la matrone romaine, était honorée et respectée ; chargée du gouvernement de la maison et de l'éducation des enfants, elle jouissait, peut-être par un souvenir de son ancienne prééminence, de plus d'indépendance que la femme romaine. Le *pater-familias* romain était, en effet, investi sur la femme *in manu* comme sur ses enfants d'un pouvoir rigoureux, allant jusqu'au droit de justice suprême, au *jus vitæ necisque;* la loi lui avait conféré cette puissance, que les mœurs devaient d'ailleurs atténuer, afin de fortifier

(1) Modestin, Fr. I. *De ritu nuptiarum, Dig.*, XXIII, 2.

la famille, fondement de l'État et surtout de l'État romain. Il est probable que le mariage romain, condition de cette puissance, dut présenter à l'origine un caractère religieux; la théocratie est une des phases normales du développement des peuples. Mais le droit romain sortit de bonne heure de cette phase, et le droit pontifical fit place à une législation civile, quoique intimement liée au culte national : c'est là certainement une des causes de la supériorité du droit romain. Le mariage religieux (*confarreatio*) était l'exception : quant à la *coemptio*, vestiges d'anciens usages et d'une époque où la femme était considérée comme l'objet d'une vente, elle ne constituait plus une forme de mariage, mais un mode d'acquisition de la *manus;* or la *manus* n'est pas de l'essence du mariage. Les *justæ nuptiæ* sont un simple contrat civil, une *convention de famille,* se formant par le simple échange des consentements et par la *deductio mulieris in domum mariti*, sans intervention de l'autorité publique; les solennités religieuses, les sacrifices aux mânes des ancêtres, qu'il est d'usage d'accomplir, facilitent la preuve, mais ne constituent point le mariage (1). Les justes noces sont un privilège des

(1) Il y aurait un rapprochement curieux à faire entre le mariage romain et le mariage *chinois*, qui est encore aujourd'hui ce qu'il était au temps de l'Empire romain. La condition de la femme chinoise est bien supérieure à celle des femmes de l'Inde ou de Turquie. La monogamie est la règle, bien que les grands entretiennent, à côté de l'épouse, des concubines. Le mariage est une convention entre deux familles (la femme est sous la tutelle de sa famille, et ne succède pas), convention qui élève l'épouse au rang du mari et l'associe au culte domestique. Le culte des ancêtres (*sacra privata* des Romains) est en effet de toutes les religions de l'Empire du Milieu la plus populaire. L'étranger en Chine est un barbare; aussi les lois, afin d'empêcher les femmes d'épouser des étrangers et de perpétuer

citoyens, et même jusqu'à la loi Canuleia, des seuls patriciens; comme les Métèques à Athènes, les plébéiens étaient à l'origine exclus du *connubium*. Avec le temps, ces rigueurs se tempèrent : les cités grecques font entre elles des traités conférant aux citoyens de chacune d'elles l'*isoteleia* « égalité des droits » ; Rome concède le *connubium* à des cités, à des régions entières. En même temps se développe le *jus gentium*, ensemble de droits reconnus aux pérégrins, comme étant conformes au droit naturel et à la pratique générale des nations ; parmi ces droits figure celui de contracter avec les citoyens romains des unions régulières, quoique inférieures aux justes noces (*matrimonium injustum*). Le droit international n'apparaît point encore ; en effet, comment concevoir la possibilité d'un conflit relatif à la loi qui doit régir un rapport de droit déterminé, si les étrangers sont exclus de la jouissance même de ce droit? Or telle était la situation des étrangers à Rome, puisque au lieu de les admettre au *connubium*, on créait pour eux un mariage spécial et d'ordre inférieur. La concession par Caracalla du *jus civitatis* à tous les sujets de l'Empire fit cesser cette dualité; mais un conflit de législation n'était pas encore possible, puisque tout l'Empire obéissait à une seule loi et que les Barbares demeuraient exclus de tout droit. — L'Église chrétienne,

ainsi des races ennemies, leur interdisent-elles d'émigrer sans autorisation spéciale. Les lois de la Corée, plus rigoureuses, punissent de mort la femme qui épouserait un étranger. Les lois annamites interdisent même aux sujets mâles d'épouser des étrangères. Le Japon est plus libéral; la famille, comme en Chine, est respectée, mais les alliances avec les étrangers ne sont pas considérées pour cela comme une offense envers les ancêtres. Aussi les unions entre Européens et Japonaises tendent-elles à se multiplier.

même triomphante sous Constantin, ne chercha pas tout d'abord à modifier le caractère du mariage romain. Sa doctrine sur le mariage ne s'établit que lentement: certains Pères de l'Église considèrent le célibat comme un état supérieur, le mariage comme un *mal;* c'est dire qu'ils sont loin d'en faire un sacrement. Les chrétiens avaient l'habitude de faire bénir leurs unions par les prêtres, mais c'était là un pieux usage, non une obligation. Le divorce lui-même n'était pas unanimement condamné par l'Église primitive ; saint Augustin le prohibait, mais Tertullien se fondait sur une parole du Christ, rapportée par saint Mathieu, pour autoriser le divorce en cas d'adultère de la femme. Aussi voyons-nous les constitutions des empereurs chrétiens présenter le mariage comme un acte purement *civil;* c'est Léon le Philosophe qui a le premier exigé la bénédiction religieuse, et encore le droit byzantin n'était-il applicable qu'en Orient. L'Église obtint du moins la limitation des causes du divorce; de plus, en bénissant toutes les unions entre chrétiens, fussent-ils esclaves ou barbares, elle préparait cette notion de l'égalité de tous devant le droit sans distinction de patrie, qui est une des bases du droit international.

§ III. — LES GERMAINS. — LES FRANCS. — LE MARIAGE SELON L'ÉGLISE CATHOLIQUE ET SELON LE DROIT FÉODAL

A la chute de l'Empire romain, l'Église va entreprendre contre le monde barbare une lutte de plusieurs siècles. C'est qu'en effet les coutumes germaniques s'écartaient bien autrement que le droit romain des conceptions chrétiennes. Il est vrai que les peuples germains n'imposaient pas leurs lois aux vaincus, qui demeuraient soumis à leur loi personnelle (droit romain); mais quoique convertis au christianisme, ils conservaient pour eux leurs coutumes. Or voici quelle idée ils se faisaient du mariage : le mariage a la forme extérieure d'une vente; le mari achète le *mondium* à celui qui l'exerce sur la fille ou sur la veuve. La femme germaine est en effet, comme à l'origine la femme romaine, sous la *tutelle perpétuelle* du père ou des parents mâles. Du reste, cette tutelle est plutôt protectrice qu'intéressée ; et s'il faut en croire Tacite, la femme germaine, malgré cet état de dépendance, était la compagne honorée et respectée du guerrier, qui, en la choisissant, avait assumé le devoir de la protéger. La polygamie, parfois pratiquée par les chefs, était réprouvée par les mœurs, et les lois des Francs Saliens, Ripuaires, Burgondes, Wisigoths, la prohibent expressément. L'achat du *mondium* n'était que le premier acte du mariage, un mariage imparfait (*desponsatio, — Verlöbniss* du droit allemand moderne) qui ne pouvait être rompu que par les causes ordinaires de divorce, mais ne conférait pas au mari la puissance : le mariage n'était parfait que par un second acte, la *traditio puellæ* ou *dructio* en des formes réglées par l'usage. Les vieilles lois de la Suède (1), où les anciens usages se sont le plus longtemps conservés, nous montrent ce qu'était le mariage germanique. Ce qui prouve que la *vente* n'était pas une pure fiction, c'est que la fille n'était point consultée; la loi autorisait son *mainbourg* à la marier malgré elle. Mais chez les Francs, ces usages anciens se modifièrent rapidement; dans la rédaction des *leges* que nous possédons, la vente du *mon-*

(1) V. *Journal de Droit international privé*, ou *Journal Clunet*, 1883, p. 343 (art. de M. d'Olivecrona).

dium n'est plus qu'un symbole : l'épouseur remet au père ou au mainbourg non plus un prix réel, mais une somme minime fixée par l'usage, « le sou et le denier » ; le véritable prix (*Morgengabe*, — *dotalitium*) est payé par le mari à la femme elle-même après le mariage consommé. — Faire disparaître cette conception du mariage, envisagé comme une vente consentie ou non par la femme, restreindre le divorce pratiqué chez les Germains avec la même facilité qu'à Rome au temps de l'empire, tel était le but de l'Église. Dans ces vues, le clergé s'efforça de faire entrer dans les mœurs l'usage de la bénédiction nuptiale ; mais il se heurtait à la fois aux lois romaines et barbares, qui s'accordaient à faire du mariage un pacte de famille purement civil. Charlemagne aurait, il est vrai, si toutefois le capitulaire inséré dans le recueil de Benedictus Levita n'est pas une pièce fabriquée, prescrit cette bénédiction à peine de nullité ; mais il est certain, les Décrétales postérieures l'attestent, que cette prescription demeura lettre morte. L'opinion populaire sur la nature du mariage se révèle dans le vieil adage coutumier : « Boire, manger, coucher ensemble, c'est mariage, ce me semble (1). » Aussi l'Église, tenant compte des mœurs du temps, fut-elle très peu exigeante sur les formes ; bien loin d'exiger à peine de nullité la célébration devant le prêtre, elle déclare par la voix de ses pontifes que le consentement est l'*essence* du mariage ; elle n'exige même pas, à la différence du droit civil pour les fils de famille, du droit germain pour les femmes, le consentement des parents ; il lui suffit de l'accord des parties.

La loi de l'Église sur le mariage devint au moyen âge

(1) Loisel, *Institutes coutumières*.

le *droit commun* des pays chrétiens. La féodalité avait succédé au régime de la conquête franque, la réalité des coutumes au caractère personnel des lois, et les coutumes variaient à l'infini : mais au-dessus de ces seigneuries si morcelées régnait une puissance supérieure : l'Église, non limitée aux frontières d'un fief, imposant à tout le monde chrétien une loi unique pour tous les objets de sa compétence. Or l'Église avait su rattacher aux causes ecclésiastiques, déférées aux officialités, les causes matrimoniales, en élevant le mariage, contrat civil, à la hauteur d'un sacrement : il n'était pas nécessaire pour cela d'annuler les mariages clandestins, il suffisait de décider que les parties *elles-mêmes* seraient les « ministres du sacrement ». Ce qui constitue l'union, ce sont les *verba de præsenti*, échangés soit devant témoins (prêtre ou notaire), soit même sans témoins : les *verba de futuro* ou promesse de mariage, lorsqu'il y a cohabitation ultérieure, équivalent aux *verba de præsenti*. Le mariage ainsi contracté est indissoluble, tel est le principe adopté par les conciles après de longues controverses : le divorce n'est admis que dans le cas où il n'y a pas eu cohabitation. Le Concile de Trente plus sévère n'autorisera plus le divorce que pour entrer dans un couvent. Hors de là, l'Église n'admet que le *separatio a mensa et toro*, qui relâche le lien matrimonial sans le dissoudre.

Pour l'Église universelle, il n'y a pas d'étrangers ou de nationaux, il n'y a que des chrétiens ou des infidèles. Elle ne régit pas les infidèles : les mariages des Juifs, selon leur loi, sont simplement tolérés. Quant aux mariages des chrétiens, ils sont valables à la seule condition d'observer les prescriptions canoniques, quelle que soit la patrie ou la condition sociale des parties. Mais le *droit féodal*, fidèle sur ce point aux coutumes germaniques, traitait l'étranger avec rigueur. Les tribus germaines constituaient une association fermée, dont tous les membres étaient unis par serment : l'étranger était sans droit, sa vie même était à la discrétion de la tribu, à moins qu'il ne fût l'hôte d'un de ses membres ; les alliances entre membres de deux tribus étaient subordonnées au consentement de leurs pairs. Quand les Francs se furent, après la conquête, fixés sur le sol gaulois, à l'association personnelle succéda la notion de l'état territorial. Désormais quiconque naît sur le sol est sujet de l'État, et malgré la dualité des lois romaine et franque, il semble bien que l'unité de religion et de territoire ait amené entre les deux races des mariages fréquents, préparant la fusion des Gallo-Romains et des Francs. Les étrangers eux-mêmes sont traités avec moins de rigueur : un capitulaire de Charlemagne défend au nom du Christ d'expulser l'étranger qui aurait résidé depuis longtemps dans la *villa* et s'y serait marié. Conclusion : l'étranger domicilié jouissait du *connubium*. Mais avec le régime féodal, leur condition s'aggrave : les *aubains* ne sont unis par aucun lien féodal au seigneur sur les terres duquel ils résident, ce sont « gens sans aveu » à la merci du souverain local. Les aubains ou *épaves* (et on entendait par là tout étranger à la seigneurie) peuvent être réduits en servitude : en ce qui concerne le mariage, s'ils veulent s'allier à une personne d'une autre condition ou même à une personne de leur état, résidant en d'autres seigneuries, ils doivent, comme les serfs, obtenir l'autorisation du seigneur et acquitter le droit de *formariage;* une forte amende, parfois la confiscation étaient encourues par ceux qui *forlignaient* sans autorisation. Mais la condition des aubains devait bientôt s'améliorer grâce au relèvement de la royauté, et à

l'émancipation des communes, qui conféraient aux étrangers le droit de bourgeoisie après l'an et jour, afin d'augmenter leur force de résistance contre les seigneurs féodaux. Pour le roi de France, il n'y a d'aubains que les étrangers au royaume; or le roi s'étant, au XIVe siècle, attribué à titre exclusif, comme droit régalien, les droits d'aubaine sur les étrangers, tout Français peut désormais passer par tous les fiefs soumis à la suzeraineté du roi de France, sans avoir rien à redouter du possesseur du fief. Les véritables aubains eux-mêmes ne sont plus traités comme serfs, et peuvent se marier; les légistes royaux, disciples des glossateurs, rétablissent en effet l'ancienne distinction romaine du *jus civile* et du *jus gentium*, et rattachent à cette dernière branche du droit le *connubium*. Depuis lors le mariage, au point de vue civil comme au point de vue canonique, a toujours été considéré en Europe comme une institution du droit des gens (sauf l'exclusion des non-chrétiens : prohibition de mariage entre chrétiens et juifs).

§ IV. — CONCILE DE TRENTE : NOUVEAU DROIT CATHOLIQUE. ANCIEN DROIT FRANÇAIS, ET DROIT PROTESTANT

La doctrine de l'Église sur le mariage consensuel, droit *commun* de l'Europe chrétienne au moyen âge, offrait de graves dangers : à quel criterium distinguer l'union légitime du concubinage? comment assurer, en l'absence de toute publicité, l'observation par les parties des conditions de fond prescrites à peine de nullité, prévenir en particulier les unions entachées d'inceste ou de bigamie? C'est pour mettre fin aux nombreux abus résultant des mariages clandestins, que le concile de Trente rendit le fameux décret de 1563. Ce décret exige, pour la validité du mariage, la célébration devant le « propre curé » (curé de la paroisse) de l'une des deux parties, et deux autres témoins; il prononce l'anathème contre quiconque nie que le mariage soit un sacrement, on soutient que l'enfant mineur a besoin du consentement de ses parents. Mais ni le décret ni les anathèmes ne devaient produire tout l'effet attendu : car d'une part, la scission était définitive entre protestants et catholiques, et d'autre part, certains États catholiques déniaient au Concile le pouvoir d'édicter des lois obligatoires pour leurs sujets. Tandis que les royaumes directement soumis à l'influence papale, Espagne, Autriche, dominés par Philippe II, promulguaient comme loi de l'État le décret du concile, le roi de France, au contraire, s'y refusa formellement. Pothier nous en donne la raison (1) : il y a lieu, dit-il, de distinguer dans le mariage deux éléments, le sacrement et le contrat : le premier est du ressort de l'Église, mais le contrat, base de la famille et de l'ordre social, intéresse l'État au premier chef, c'est donc à l'État qu'il appartient de le réglementer. Par ces motifs, les rois de France, tout en empruntant au décret du concile la forme du mariage, célébration devant un prêtre et deux témoins (Ordonnance de Blois 1579), se réservèrent le droit de déterminer souverainement les conditions de validité du mariage; ils maintinrent en particulier la nécessité du consentement des parents, prescrit par des ordonnances antérieures. Ordre fut donné aux curés de ne célébrer le mariage qu'après s'être assurés de ce consentement; les curés étaient en effet considérés comme de simples officiers de l'état civil, subordonnés comme tels au roi et soumis au contrôle du Parlement. Ce principe de la pré-

(1) Pothier, *Contrat de mariage*, VI, p. 158.

dominance de l'État en matière de mariage eut cette conséquence singulière, qu'il rendit la condition des dissidents plus dure en France que dans les pays soumis purement au décret. Selon l'interprétation commune, le concile n'aurait pas entendu faire du curé une partie au contrat : les contractants restent les ministres du sacrement, mais sont tenus d'échanger les *verba de præsenti, publiquement*, devant trois témoins, dont le prêtre. Lorsqu'un protestant voulait épouser une catholique, ou *vice versa* (1), les parties n'avaient, pour obéir au décret, qu'à échanger leurs consentements devant les témoins et le prêtre, qui, au lieu de bénir l'union, jouait un rôle purement passif. Cette interprétation fut généralement admise en Espagne, en Autriche, à Rome même, tant que le mariage religieux y exista seul. En France, au contraire, les interprètes de l'ordonnance de Blois, qui exigeait à peine de nullité la célébration par le curé, considéraient la bénédiction nuptiale comme de l'essence du mariage, et le prêtre comme partie principale, non comme simple témoin ; en conséquence, si les parties n'étaient pas dans les conditions prescrites par les canons pour recevoir cette bénédiction, le mariage était impossible. Pour remédier à cette situation, l'édit de Nantes conféra aux ministres protestants le droit de célébrer les mariages entre réformés : seuls les mariages mixtes furent rendus difficiles, par l'obligation imposée au conjoint protestant de jurer qu'il élèverait ses enfants dans la religion catholique : la bénédiction nuptiale était à ce prix. Quand Louis XIV eut révoqué l'édit, les protestants se trouvèrent

(1) Les unions entre protestants, elles-mêmes, se contractaient en cette forme dans les pays, comme l'Espagne, qui n'admettaient pas d'autres officiers de l'état civil que les prêtres catholiques.

placés dans l'alternative d'abjurer leur foi ou de rester privés de tout état civil; on sait combien nombreuses étaient les « unions au Désert, » traitées par la loi comme un concubinage, même comme un crime. Louis XIV poursuivit les dissidents jusqu'à l'étranger; un édit du 16 juin 1685 défendit aux régnicoles de se marier hors du territoire, fût-ce avec des nationaux, à peine de confiscation de corps (galères) et de biens. Louis XV y substitua, par déclaration du 16 juin 1725, une disposition moins sévère, soumettant les mariages des Français à l'étranger à la nécessité d'une autorisation préalable du roi. Les parlements n'annulaient du reste les mariages contractés sans autorisation, que s'il y avait eu mauvaise foi des parties.

Avant d'arriver à la période de la Révolution française, nous devons indiquer brièvement ici la doctrine protestante sur le mariage. Le décret du concile de Trente n'ayant pas été reçu dans les États réformés, c'est le principe du mariage *consensuel*, consacré par le droit canon antérieur, et par le droit romain devenu au moyen âge le droit commun de l'Allemagne, qui demeura en vigueur. Les ordonnances évangéliques, appuyées sur les Écritures qui ne présentent point le mariage comme un sacrement, envisageaient le mariage comme un contrat civil, susceptible d'être dissous par le divorce, dans certains cas déterminés (argument théologique: évang. de saint Mathieu précité; motif réel : persistance des coutumes germaniques, fortifiées par le droit romain). Mais les abus du mariage clandestin forcèrent les États protestants (Écosse et États-Unis exceptés) d'adopter au cours du XVIIIe siècle certaines formes de publicité : la célébration religieuse fut désormais exigée, par acte du Parlement en Angleterre, par la coutume en Allemagne.

Le mariage confessionnel avait le tort grave de porter

atteinte à la liberté de conscience, si hautement affirmée par la Réforme, en obligeant les dissidents à se marier devant les ministres du ou des cultes reconnus ; aussi les Pays-Bas adoptèrent-ils, avant tous les autres États, le mariage civil (devant l'autorité communale), seule forme solennelle du mariage assurant le respect de toutes les croyances. Mais ce premier essai fût peut-être longtemps resté isolé sans l'initiative de la France, qui proclama en 1791 le principe du mariage civil; cet exemple devait être suivi par la plupart des États européens dans le cours du siècle actuel.

§ V. — LA RÉVOLUTION FRANÇAISE. — MARIAGE CIVIL ET DIVORCE

C'est en 1787 qu'un édit de Louis XVI introduisit en France le mariage civil, mais dans l'intérêt des protestants seulement ; le mariage catholique demeurait la règle. Quatre ans plus tard, la Révolution triomphante inscrivait dans sa Constitution le principe suivant : « La loi ne considère le mariage que comme contrat civil. » En exécution de la Constitution de 1791, l'Assemblée législative, par la loi du 20 septembre 1792, organisa le mariage comme contrat civil, susceptible d'être dissous comme les contrats ordinaires (pour inexécution des obligations contractées ou même par consentement mutuel) ; les curés furent remplacés par des officiers de l'état civil (1), laïques, chargés de célébrer les mariages de tous citoyens ou étrangers, sans distinction de cultes. Toutes entraves à la liberté de conscience (prohibition de mariage entre chrétiens et juifs, etc.), furent supprimées,

(1) Les fonctions d'officiers de l'état civil sont confiées aux maires et adjoints (loi 28 pluviose an VIII, art. 13).

ainsi que la nécessité d'une autorisation pour les mariages contractés à l'étranger (1). Depuis cette époque, le principe du mariage civil a toujours été consacré par nos lois; il a passé de la loi de 1792 dans le Code civil, et a résisté sans peine à toutes les attaques. Pour le faire respecter par le clergé, le Code pénal a, dans ses articles 199 et 200, édicté des peines correctionnelles contre le prêtre qui bénirait une union sans s'assurer que le mariage civil a été préalablement célébré. Aujourd'hui, la sécularisation du mariage est presque universellement reconnue et acceptée par l'opinion. Mais il n'en est pas de même de cet autre legs de la Révolution, le divorce, qui a subi le contre-coup de tous les régimes politiques qui se sont succédé en France. Admis avec une facilité excessive par la loi de 1792, restreint dans d'étroites limites par le code de 1804, supprimé au nom du catholicisme par la loi de 1816, le divorce vient d'être rétabli en France par la loi du 29 juillet 1884 (2), sur des bases analogues à celles du Code civil. Les principes de notre Code civil sur le mariage et le divorce n'ont jamais cessé d'être en vigueur dans les pays détachés de la France en 1815, comme la Belgique, les parties de l'Allemagne qui avaient formé sous le premier empire des départements français, le canton de Genève (3).

(1) La Cour de cassation a décidé avec raison que la loi de 1792 avait abrogé virtuellement les édits de Louis XIV et de Louis XV. (Cass. req., 16 juin 1829, Sirey, 29. 1. 261.)

(2) Loi votée le 19, promulguée à l'*Officiel* du 29 juillet.

(3) L'Alsace-Lorraine a conservé après l'annexion le Code français, et une loi du 27 novembre 1873 y a rétabli le divorce du Code de 1804.

SECTION II

DROIT COMPARÉ

Etat présent des législations étrangères

On ne peut mesurer l'importance des conflits de législation que le droit international est appelé à trancher, qu'à la condition de connaître sur quels points (questions de principe ou de réglementation), portent les divergences; le droit comparé est donc l'auxiliaire obligé du droit international. C'est pourquoi nous nous proposons de présenter ici, comme complément de notre introduction historique, non pas un tableau complet des lois européennes actuelles sur le mariage, ce qui serait téméraïre après les remarquables études récemment publiées sur ce point (1); mais une simple esquisse mettant en relief les dispositions essentielles de chaque loi. Nous parlerons surtout des formes, nous réservant de comparer par la suite les diverses lois relatives aux conditions de fond et effets du mariage, et au divorce.

§ Ier. — EUROPE MÉRIDIONALE (*pays latins*)

Italie. — Dans la plupart des États qui se partageaient l'Italie avant l'unification, le mariage était un acte religieux produisant des effets civils. C'est ainsi que d'après le Code Albertin, qui régissait les États Sardes, le mariage devait être contracté dans les formes prescrites

(1) M. Glasson, *le Mariage civil et le Divorce dans les principaux pays de l'Europe*, 1879. — M. Lawrence, *Étude de législation comparée et du Droit international sur le mariage*. (*Revue de Gand*, 1870, t. II, pp. 53 et suiv.)

par le concile; les non-catholiques professant un culte toléré pouvaient toutefois se marier d'après les usages de ce culte. Le Code civil *italien* de 1865, en vigueur depuis le 1er janvier 1866, a sécularisé le mariage dans toute l'étendue du royaume. Le mariage ne relève plus désormais que de la loi civile; comme en France, les autorités communales sont investies des fonctions d'officiers de l'état civil. Cependant, pour ne pas rompre brusquement avec les anciens usages, le Code n'édicte aucune peine contre le prêtre qui célèbre le mariage religieux avant que le mariage civil n'ait eu lieu. Pour justifier cette tolérance, on invoque le principe de l'indépendance du temporel et du spirituel ; on ajoute que la femme italienne n'a pas à craindre, comme la femme française, le refus par le mari de recevoir la bénédiction religieuse après l'union civile. Mais, en réalité, cette législation présente de graves dangers ; dans les campagnes de Naples et de Sicile, beaucoup d'unions sont contractées devant le prêtre seulement, et si quelques tribunaux leur ont reconnu certains effets légaux, c'est par une violation manifeste du texte et de l'esprit du Code. L'adoption du système français, réclamée par plusieurs jurisconsultes italiens, serait une mesure d'ordre public ne portant aucune atteinte sérieuse à l'indépendance de l'Église. Le Code italien, à la différence du droit français, n'a pas entièrement supprimé les fiançailles; la rupture d'une promesse de mariage, sans juste cause, confère à l'autre partie le droit de réclamer une indemnité égale aux dépenses faites en vue du mariage, à condition qu'il y ait eu promesse écrite ou publications légales (art. 54, Code civil italien, *trad. Huc et Orsier*). Le législateur italien n'a pas considéré le *divorce* comme le corollaire obligé du mariage civil ;

tout en déclarant faire abstraction de toute considération religieuse, il a affirmé, au nom de la morale et de l'ordre social, le principe de l'indissolubilité absolue.

Espagne et Portugal. — L'Église catholique, longtemps toute-puissante, n'a pu empêcher cet État d'adopter à son tour le mariage civil ; une loi du 18 juin 1870, détachée d'un projet de Code civil non encore voté aujourd'hui, a opéré cette importante réforme. Cette loi, qui enlevait au clergé les actes de l'état civil, établissait le mariage civil *obligatoire*, et abrogeait la *cedule real* de Philippe II contenant la promulgation du décret du concile, fut l'objet de violentes attaques. Pour pacifier les esprits, et aussi pour régulariser les nombreuses unions contractées devant le prêtre seul, au mépris de la loi (1), le roi promulgua le 9 février 1875 un décret-loi modifiant la loi sur le mariage. Ce décret, un des premiers actes politiques de l'autorité royale restaurée, supprime le caractère obligatoire du mariage civil, et donne aux parties l'option entre ce dernier et l'union religieuse, qui vaudra comme mariage civil. Toutefois, ceux qui ne se marient que religieusement doivent, dans les huit jours de la célébration, demander l'inscription de leur mariage sur les registres de l'état civil, qui demeurent sécularisés : la sanction n'est pas la nullité, mais une simple amende. Les mariages religieux célébrés entre la loi de 1870 et le décret de 1875 sont *rétroactivement* validés, et doivent être inscrits sur les mêmes registres, sous la même sanction. — C'est au code *portugais* de

(1) La loi espagnole de 1870 avait négligé, comme le Code italien, d'édicter aucune peine contre le curé qui bénirait une union non célébrée civilement.

1868 que le gouvernement espagnol a emprunté cette législation dualiste. Ce code, en effet, reconnaît deux mariages : le mariage religieux, régi par la loi canonique, pour les catholiques, le mariage civil, régi par le Code, pour les autres autres personnes. De telles lois marquent une période de transition : l'unité de législation et l'adoption du mariage civil obligatoire s'imposeront tôt ou tard. Comme l'Italie, l'Espagne et le Portugal prohibent le divorce et n'admettent que la séparation de corps.

Grèce. — La Grèce est encore, en ce qui concerne le mariage, sous l'empire du droit byzantin contenu dans le Promptuaire d'Harménopule. On sait que ce droit fait du mariage un acte religieux : le rite grec admet le divorce. Un projet de Code civil est depuis longtemps en préparation, mais il n'est point encore promulgué. — Au Nord de la Grèce, les Albanais, descendants de l'antique race pélasgique, sont demeurés fidèles aux anciennes coutumes : chez cette race belliqueuse, les guerriers seuls ont des droits. Les femmes, comme chez les anciens Germains, sont en tutelle perpétuelle, et le mariage ne fait que substituer à la tutelle du père ou des parents mâles l'autorité rigoureuse du mari. Le mariage, contrat privé entre deux familles, ordinairement solennisé par le prêtre chez les Albanais chrétiens, bien que cette forme ne passe pas chez eux pour obligatoire, est toujours précédé d'un simulacre d'enlèvement de la femme à main armée.

§ II. — GRANDE-BRETAGNE

Angleterre. — Jusque sous le règne de George II, le mariage consensuel fut le droit commun (*common law*) de tout le Royaume-Uni. Mais les abus de la clandestinité amenèrent le Parlement anglais à voter, en 1753, le *Lord Hardwicke's act* exigeant à peine de nullité la célébration religieuse dans une église paroissiale, et enjoignant aux mineurs de représenter le consentement de leur père ou tuteur. Nous ne pouvons entrer ici dans le détail de cette loi et des lois de 1823 et 1836 qui l'ont modifiée ou complétée sur les formes de la célébration, les publications, les oppositions au mariage, etc. (1). Les formes, du reste, varient suivant la religion des parties. Si elles ne professent pas la religion anglicane, leur mariage (catholique, presbytérien, juif, etc.) doit être célébré dans un édifice désigné à cet effet par les autorités civiles, en présence du *registrar* (officier de l'état civil) et de deux témoins. Enfin, si les parties le préfèrent, elles peuvent recourir au mariage purement civil, devant le *registrar* et deux témoins; cette dernière forme a été instituée par un acte de George IV (1820) afin de garantir pleinement la liberté de conscience.

Irlande. — Les lois précitées n'ont pas été étendues à l'Irlande ; les mariages anglicans sont soumis à peu près aux mêmes règles qu'en Angleterre ; mais le mariage des catholiques romains est encore régi par la *common law*. Nous avons dit que cette loi consacrait le principe du mariage consensuel; mais la chambre des Lords, par un arrêt de 1843 qui a fait jurisprudence, annula un mariage célébré devant un prêtre presbytérien sous prétexte que la *common law* exigeait la célébration du mariage devant un prêtre consacré. Cette interprétation, évidem-

(1) Consulter Lawrence, *Etude de législ. comparée et de Droit international sur le mariage*. (*Revue de Gand*, 1870, t. II, pp. 53 et 243.)

ment contraire à la loi, avait l'avantage de satisfaire aux vœux des évêques catholiques et de supprimer les mariages clandestins; quant aux dissidents, frappés par cet arrêt, un *bill* de 1844 leur concéda expressément le droit de se marier selon leur loi religieuse. Comme en Angleterre, tous les mariages sont constatés sur les registres de l'autorité civile.

Écosse. — L'Écosse est demeurée fidèle à la *common law*. Le mariage se contracte *per verba de præsenti* avec ou sans l'assistance de témoins; le consentement des parents n'est jamais requis. Quant aux preuves, l'échange des consentements est considéré comme un simple *fait*, susceptible d'être prouvé par tous les moyens : écrit, témoignage, aveu, serment, et d'une manière générale par la *possession d'état,* entendue de la façon la plus large (*by habit and repute*). Les *verba de futuro* ne valent que comme fiançailles; mais il suffit de la cohabitation subséquente pour qu'il y ait mariage; les enfants nés d'une fille séduite à qui le séducteur a promis le mariage, sont donc légitimes, et leur mère a les droits d'une épouse; c'est la pure doctrine canonique d'avant le concile de Trente. Telle est la forme, d'une simplicité primitive, des mariages écossais; il est vrai que la loi qualifie le mariage consensuel d'*irrégulier*, et enjoint aux parties sous peine d'amende de recourir au mariage religieux précédé de publications. Mais cette forme est si peu nécessaire à la validité de l'union que le jugement condamnant à l'amende les époux mariés clandestinement peut être invoqué par eux comme *preuve* de leur mariage ! Cette extrême simplicité des mariages écossais devait entraîner des abus; les Anglais, dont la loi était plus sévère, allaient en Écosse pour s'y marier librement ; d'où la célébrité des mariages de *Gretna-Green*, village de la frontière anglo-écossaise, où les couples échangeaient leur foi devant le forgeron du lieu, qui leur servait de témoin et tenait un registre régulier, destiné à faciliter la preuve. Mais cet usage singulier est tombé en désuétude pour deux motifs : 1° à raison d'une loi de 1856, exigeant à peine de nullité la célébration religieuse pour les personnes étrangères à l'Écosse et non domiciliées (il est vrai que le domicile s'acquiert par une simple résidence de vingt et un jours) ; 2° par suite de l'extrême latitude que les lois anglaises actuelles offrent aux contractants. Il est facile aujourd'hui en Angleterre d'obtenir la dispense des publications. Les mineurs eux-mêmes peuvent s'en faire dispenser, à condition de prêter serment qu'ils ont obtenu l'autorisation de leurs parents, et sans avoir besoin de produire à l'appui aucun écrit justificatif. Or les publications sont le moyen de prévenir les parents du mariage et de provoquer leur opposition; et comme la loi anglaise, par une singulière confusion entre les formes extrinsèques et les conditions de capacité, envisage le consentement des parents comme une question de forme et par suite n'annule le mariage que s'il est célébré au mépris d'une opposition formelle de ces derniers, on voit qu'il est facile aux mineurs anglais de se marier à l'insu des personnes ayant autorité sur eux. — Un dernier mot sur le mariage anglais ; le divorce est admis, mais dans d'étroites limites, ainsi que nous le verrons plus loin.

Telle est la législation complexe qui régit le Royaume-Uni ; ces formes si multiples engendrent des procès fréquents, et la jurisprudence est loin d'être fixée sur les cas de nullité. Une Commission royale réunie en 1868 a proposé l'adoption d'une loi unique sur le mariage pour les trois royaumes ; mais le respect des Anglais pour les usages existants peut retarder encore longtemps cette réforme.

§ III. — EUROPE CENTRALE (*pays de race germanique*)

Empire d'Allemagne. — L'Empire d'Allemagne, à la différence de l'Angleterre, s'est donné une loi générale sur le mariage, qui, sans établir l'uniformité de législation sur tous les points, a du moins posé des règles obligatoires dans tous les États allemands, principalement en ce qui concerne les formes : c'est le *mariage civil obligatoire* que la loi fédérale allemande du 6 février 1875 a consacré. Auparavant cinq systèmes de législation se partageaient l'Allemagne :

1° Mariage civil obligatoire dans les parties de l'Allemagne jadis annexées au premier Empire français.

2° Mariage civil facultatif, comme en Angleterre, à Oldembourg et Hambourg.

3° Mariage civil pour les dissidents (Prusse, Hesse-Nassau, etc.).

4° Mariage civil réservé aux unions entre juifs et chrétiens (Brunswick, etc.).

5° Mariage purement religieux (Bavière).

C'est au cours de la lutte entreprise par la Prusse contre la papauté (*Culturkampf*) que le mariage fut sécularisé, en Prusse d'abord (loi 9 mars 1874), en Allemagne l'année suivante. Comme la loi française, la loi allemande interdit aux prêtres de bénir les unions qui n'auraient pas été préalablement célébrées par l'officier de l'état civil. Quant aux formes, la loi de 1875 reproduit presque textuellement le Code civil français, sauf un article peu justifiable dans une loi de sécularisation, l'article 54, qui exige la mention dans l'acte de mariage de la religion des parties (1). — La loi fédérale de 1875 a mis fin à une forme particulière de mariage, admise en certains pays allemands (en Prusse jusqu'en 1869), le mariage dit *morganatique* ou de la *main gauche*, union légitime quoique inférieure, analogue au *concubinatus* romain, n'élevant pas la femme au rang du mari et ne conférant pas aux enfants, légitimes cependant, les droits de succession et les titres des enfants légitimes ordinaires. Ces mariages étaient contractés, avec l'autorisation du souverain, par les nobles avec des femmes appartenant à la classe des paysans ou de la petite bourgeoisie. Mais cet obstacle au mariage paraît avoir été implicitement supprimé par l'article 39 de la loi de 1875, qui déclare abrogés tous empêchements non reproduits par elle. Il n'y aurait plus dès lors, pour l'avenir, d'autres mariages morganatiques que ceux contractés par des souverains avec des personnes de condition inférieure ; mais ce sont-là des situations exceptionnelles, tandis que le mariage morganatique allemand était la conséquence d'une prohibition de mariage entre deux classes de citoyens.

La loi allemande de 1875 n'a point, au contraire, supprimé les *fiançailles*. Elle n'en parle qu'incidemment pour indiquer la juridiction compétente ; mais cette simple disposition démontre qu'elles sont maintenues et demeurent soumises, quant à leurs formes, aux lois locales antérieures. C'est qu'en effet l'usage des fiançailles (*Verlöbniss*), dérivé de la *desponsatio* germanique, consacré par le droit canon, est profondément entré dans

(1) Les statistiques démontrent que les mariages purement civils sont bien plus fréquents en Prusse que dans les pays catholiques, comme la France, ou qu'en Angleterre. (Voy. Glasson.)

les mœurs allemandes. Le *Verlöbniss* est un « contrat par lequel deux personnes de sexe différent se promettent réciproquement mariage (1) », contrat susceptible de produire, en certaines circonstances, presque tous les effets d'un mariage régulier. En Saxe, le *Verlöbniss* vaut par le simple échange des consentements en présence des deux familles, c'est la pure *desponsatio*. En Prusse, la loi exige certaines formes : une déclaration devant le commissaire de police ou le notaire dans les villes, devant les maires ou échevins dans les campagnes. Quant aux conditions de fond, elles sont les mêmes que celles du mariage : le consentement des ascendants est requis, à l'inverse de la loi écossaise. L'enfant né de la fiancée est légitime. Mais ce lien est plus fragile que le lien matrimonial ; il peut être rompu, comme jadis le mariage germanique, par le consentement mutuel, et même, d'après le Code saxon, par la volonté d'un seul, sous peine de dommages-intérêts, si la rupture n'est pas justifiée. La loi prussienne confère au contraire à chaque partie le droit d'actionner l'autre en accomplissement de sa promesse ; la décision judiciaire, même à l'époque où le mariage religieux était requis, tenait lieu de célébration. — Dernier caractère du mariage allemand : il peut être dissous par divorce, la loi fédérale ayant d'ailleurs laissé aux pouvoirs locaux le soin de déterminer les causes de divorce.

Suisse. — Le Reichstag allemand discutait encore la loi sur le mariage, qu'une loi fédérale sur le même objet était votée en Suisse, le 24 décembre 1874, substituant aux lois particulières des cantons une législation

(1) C'est la définition qu'en donne le code (*Landrecht*) prussien.

uniforme. Mariage civil obligatoire, suppression de tous empêchements au mariage fondés sur des motifs confessionnels, économiques ou de police (indigence, mauvaise réputation), divorce étendu à tous les cantons, même catholiques, au lieu et place de la séparation de corps perpétuelle, qui est supprimée : telles sont les principales dispositions de cette loi, presque de tous points semblable à la loi allemande.

Pays-Bas. — Les Pays-Bas avaient, ainsi que nous l'avons dit plus haut, le mariage civil obligatoire avant la France elle-même. Les principes du Code néerlandais sont à peu près les mêmes que ceux du Code français ; il attache cependant aux fiançailles les mêmes effets civils que le Code italien. L'article 134 admet le mariage par procureur, avec la permission du roi.

Autriche. — L'Autriche a modifié plusieurs fois en ce siècle ses lois sur le mariage. Le Code civil autrichien de 1811, tout en maintenant le mariage religieux, avait rompu avec le droit canon, réglementé lui-même les conditions du mariage, et soumis aux tribunaux civils les causes matrimoniales. Puis une réaction catholique provoqua le rétablissement du décret du concile comme loi de l'État. Mais en 1868, le parti libéral arrivé au pouvoir obtint un nouveau changement de législation ; la loi du 25 mai 1868 rétablit le Code civil de 1811, en y ajoutant le mariage civil en cas de nécessité (*Nothwendig Ehe*), pour les cas où le prêtre refuserait son ministère. Une loi de 1870 la compléta en instituant au profit des dissidents, c'est-à-dire de ceux qui n'appartiennent à aucun des cultes reconnus, le mariage civil obligatoire. Depuis cette loi, beaucoup de personnes ont déclaré n'appartenir à aucune religion, et se sont comme telles mariées civilement, afin de tourner soit la prohibition de mariage entre chrétiens et juifs, soit le principe de l'indissolubilité du mariage des catholiques et la prohibition de mariage entre catholiques et non catholiques divorcés. Ces distinctions confessionnelles sont appelées forcément à disparaître ; dans un pays partagé comme l'Autriche entre de nombreuses sectes religieuses, la sécularisation du mariage est une réforme qui s'impose.

§ IV. — PAYS SLAVES

Russie. — Le mariage en Russie est un acte essentiellement religieux. Le mariage orthodoxe n'est pas cependant la seule union reconnue par le *Zvod* (Code des lois russes) : ceux qui, sans appartenir à la religion officielle, professent un culte toléré (catholiques, luthériens, etc.), peuvent se marier suivant les règles de leur religion : les non-chrétiens eux-mêmes, juifs, musulmans, bouddhistes, restent soumis à leurs usages. Toutefois, le mariage entre un orthodoxe et un chrétien d'une autre confession ne peut être célébré que par un prêtre orthodoxe, et les enfants doivent être élevés dans la religion russe. Le mariage est interdit entre orthodoxes et non chrétiens. Que si un musulman ou « tout autre idolâtre », dit le *Zvod*, se convertit au christianisme, son union antérieure est maintenue ; cependant s'il avait plusieurs femmes, il n'en doit conserver qu'*une* seule, un chrétien ne pouvant être polygame. Un juif converti ne peut rester uni à son épouse non convertie s'il ne prête serment « d'employer tous les moyens licites pour la convertir. » La liberté de conscience, on le voit, est un principe inconnu du législateur russe. — Il y a en Russie un grand nombre de sectes dissidentes non reconnues (vieux croyants, etc.), dont les membres ont toujours refusé de faire bénir leurs unions par les prêtres orthodoxes, qui d'ailleurs les eussent contraints d'abjurer leurs « erreurs ». Ces dissidents étaient donc, comme jadis les protestants français, privés de tout état civil. Pour mettre fin à cette situation, le Conseil de l'Empire a institué pour eux, par avis du 19 avril 1874, le mariage civil; mais cette concession n'est faite qu'aux descendants actuels ou futurs des anciens sectaires ; elle est refusée à ceux qui quitteraient *à l'avenir* la religion orthodoxe ou aux membres des sectes « révolutionnaires ». La loi de 1874 a un effet rétroactif, en ce sens que le dernier *recensement* officiel vaut comme registre des naissances et des mariages pour ceux qui se feront connaître à la commission du cens.

Les étrangers peuvent s'allier par mariages avec des sujets russes ; cependant la femme russe qui épouse un étranger est tenue d'aliéner ses immeubles et de payer au Trésor, sur les capitaux qu'elle exporte, un *dixième* à titre de droit de *détraction*. Dernière observation : la religion russe admet le divorce.

Slaves du Sud de l'Europe. — Les Slaves méridionaux ne forment pas, on le sait, un État unique. Les uns, sujets de l'Autriche, sont en principe sujets à ses lois ; d'autres, vassaux de la Turquie, comme les Bulgares, ou « protégés » de l'Autriche, comme les Bosniaques, ont conservé intactes leurs anciennes coutumes, que la domination musulmane avait respectées. Le Monténégro est toujours régi par ses coutumes. La Serbie s'est donné un code : ce code n'admet que le mariage suivant les rites de la religion grecque orthodoxe, et prohibe les mariages mixtes même entre chrétiens de confession différente. Telles sont les formes légales; mais il paraît que dans les campagnes les anciens usages communs à tous les Slaves du Sud sont plus forts que la loi ; or, d'après ces coutumes, le mariage est avant tout un contrat privé entre deux familles, aussi les fiançailles, même non suivies de cérémonie religieuse, sont-elles considérées comme un engagement sacré. La loi autorise le divorce; mais il est réprouvé par les mœurs.

Le Code roumain de 1864, quoique inspiré sur beaucoup de points du Code civil français, a conservé le mariage religieux, tout en prescrivant cumulativement le mariage civil. Le mariage civil n'est donc valable que s'il est accompagné ou précédé de la bénédiction nuptiale. Quoique à demi latine, la Roumanie admet le divorce, comme les pays slaves.

§ V. — ÉTATS SCANDINAVES

En Danemark, les parties contractantes ont l'option, depuis une loi du 13 août 1851, entre la forme religieuse et la forme civile; les luthériens eux-mêmes peuvent avoir recours au mariage civil.

En Norwège et en Suède, le mariage civil existe aussi depuis quelques années, mais à titre *subsidiaire* seulement. Nous avons déjà cité la Suède comme le pays où les anciennes coutumes se sont le plus longtemps conservées: la femme est encore en tutelle perpétuelle d'après le Code suédois de 1734, et la loi détermine avec minutie les personnes à qui appartient la puissance sur la femme et, par suite, le droit de la marier. Le père, ou à son défaut le parent mâle ou tuteur investi de ce droit s'appelle le *giftoman*. A l'origine, le *giftoman* avait le droit d'aliéner son pouvoir au profit du mari de son choix (1); mais aujourd'hui, le consentement exprès de la femme est exigé, et le ministre du culte est tenu, d'après le Code de 1734, de demander formellement à chacun des futurs s'il consent au mariage. Le Code de 1734 ne reconnaissait qu'une seule forme de mariage, le mariage luthérien ; des lois plus récentes reconnurent à certains dissidents (catholiques, romains ou grecs) le droit de faire bénir leurs unions par les ministres de leur culte. Ces concessions insuffisantes ont été complétées par les lois de 1873 et 1880, qui ont institué le mariage civil subsidiaire pour les unions de personnes appartenant à des sectes non reconnues et pour les mariages mixtes. Particularité singulière : le mariage civil, célébré par les magistrats municipaux dans les villes, par le *kronofogde* (percepteur) dans les campagnes, doit être précédé de publications faites par le pasteur luthérien de la paroisse de la femme, quelle que soit la religion de celle-ci. Le mariage, même depuis que les lois exigent une bénédiction religieuse, n'ayant jamais été envisagé par les protestants comme un sacrement, mais comme un contrat civil, une convention de famille, on s'explique facilement l'existence, en Suède comme en Allemagne, d'un contrat de fiançailles, vestige des vieilles coutumes germaines et scandinaves, produisant presque tous les effets du mariage religieux. S'il y a eu promesse de mariage échangée devant les deux familles et le giftoman, les enfants issus de la fiancée sont légitimes, et chacun des deux fiancés a une

(1) V. Étude de M. d'Olivecrona, conseiller à la Cour suprême de Stockholm. *Journal Clunet*, 1883, p. 343.

action contre l'autre devant la juridiction civile pour faire déclarer l'existence du mariage; le tribunal déclare les fiancés unis par le mariage, à moins qu'il ne reconnaisse une juste cause de rupture, et son jugement vaut célébration. — Le divorce est admis dans les États scandinaves comme dans les autres pays protestants.

§ VI. — AMÉRIQUE

États-Unis. — Les États-Unis n'ont point de loi fédérale sur le mariage, le « droit de famille » étant de la compétence des législations locales ; mais dans la grande majorité des États de l'Union, on a conservé le mariage consensuel (1), dispensé de toute solennité civile ou religieuse (*common law* d'Angleterre avant 1752). Le seul échange des consentements, même sans témoins, en quelque lieu que ce soit, — en voyage ou au cours d'une promenade, — suffit à constituer le mariage. La preuve elle-même est des plus simples : le mariage, réduit à un simple fait matériel (y a-t-il eu ou non promesse réciproque ?) peut se prouver par tous les moyens : possession d'état, témoignages, cohabitation, aveu..., etc. Il n'est même pas nécessaire de fournir une preuve directe : dès que le fait de la cohabitation est établi, c'est à celui qui prétend qu'il n'y a pas mariage à le démontrer. *Semper præsumitur pro legitimatione puerorum*, telle est la maxime des cours américaines, qui vont même plus loin dans cette voie que les cours écossaises ; car en Écosse, lorsque les *verba de præsenti* ne sont pas démontrés, que la possession d'état d'époux légitimes n'est pas con-

(1) Wharton, *le Mariage aux États-Unis* (*Journal Clunet*, 1879, p. 229 et 509). Lawrence, *Revue de Gand*, 1870, II, p. 243.

stante, les juges ne voient dans la cohabitation une preuve du mariage, que si elle a lieu en suite d'une promesse de mariage (*verba de futuro*) non contestée. Les jurisconsultes américains vantent beaucoup cette législation, éminemment protectrice de la femme, qui n'a pas à redouter, comme en Europe, l'abandon du séducteur qui lui a promis le mariage. Mais est-il bon que la femme soit à ce point « protégée »? Une telle loi n'organise-t-elle pas un véritable concubinage légal, détruisant la dignité du mariage ? Le consentement des parents n'est jamais requis; aucune autorité n'intervient pour constater l'union, en sorte qu'il est aussi fréquent de voir aux États-Unis de faux mariages validés, que des mariages sérieux contestés. Cette loi, soi-disant protectrice des femmes, se retourne donc parfois contre elles ; l'absence de toute publicité légale, de toute preuve régulière expose les véritables épouses à voir leur titre d'épouse contesté, en même temps qu'elle favorise les fraudes les plus graves ; grâce à la clandestinité des mariages, les cas de bigamie sont fréquents en Amérique, et la sévérité des lois est impuissante à réprimer ce crime (1). Il est vrai que quelques États prescrivent certaines formes *ad probationem :* une loi de l'État d'Hudson (New-York), de 1829, a institué la formalité de l'*enregistrement* (le texte ne dit pas « célébration ») devant les ministres de tout culte, ou devant certains magistrats civils (maires, greffiers, *aldermen*, juges) ; mais loin d'exiger cette forme à peine de nullité, la loi n'édicte aucune sanction pénale, pas même une amende ; c'est une prescription platonique *purement directoire*. Certains États de l'Union, d'ailleurs en minorité, ont assujetti le mariage à des formes solen-

(1) V. Lawrence, *Commentaire sur Wheaton*, t. III, p. 326.

nelles. Les uns exigent la publication des bans et la célébration devant un officier public ou un ministre du culte, au choix des parties ; mais le mariage clandestin n'en est pas moins valable, la sanction consistant dans une simple amende. D'autres exigent sous la même sanction le consentement des ascendants, faisant de ce consentement comme en Angleterre une simple question de forme. La loi de Virginie est plus sévère : s'inspirant de la loi anglaise de 1753, elle exige à peine de nullité la formalité d'une licence (certificat de l'autorité constatant la capacité des parties) et la solennisation par un ministre du culte ou un magistrat. Mais cette même loi restreint la portée du principe qu'elle édicte, en attribuant au mariage *putatif* tous les effets d'un mariage valable, dans l'*avenir* comme dans le passé : les mariages contractés devant un faux juge de paix ou un faux prêtre sont valables, pourvu que l'une des parties soit de bonne foi (1). Dans les lois européennes, au contraire, la fiction du mariage *putatif* n'assure que le maintien des effets produits par le mariage nul dans le passé, et la légitimité des enfants nés ou conçus avant le jugement de nullité, comme s'il y avait divorce ; mais si les pseudo-époux veulent demeurer unis, ils doivent célébrer une nouvelle union, pourvu que la nullité ne soit pas fondée sur l'existence d'un empêchement de nature à se perpétuer.

L'article 89 du Code de la Louisiane contient des dispositions analogues à celles de la loi de Virginie (mariage civil facultatif) ; mais le Code ayant omis de les sanctionner expressément par la nullité, la Cour suprême de cet État ne considère pas ces solennités comme obligatoires,

(1) V. *Revue de Gand*, 1870, art. de Lawrence précité.

et tient pour valable le mariage consensuel. — Tous les États de l'Union admettent le divorce ; leurs lois diffèrent seulement sur les causes du divorce. — La guerre de Sécession a fait disparaître, avec l'esclavage, les prohibitions de mariage entre blancs et gens de couleur, nègres ou indiens (1).

Canada. — Le code du Canada de 1866 a maintenu la législation ancienne sur le mariage : droit de l'ancienne France (coutume de Paris) pour les Franco-Canadiens, *common law* pour les Anglais. Or le décret du concile ni l'ordonnance de Blois n'ayant été promulgués au Canada, le *marriage act* de 1753 n'ayant pas été étendu aux colonies anglaises, c'est donc le mariage consensuel qui est demeuré la loi du Canada. Telle est en effet l'opinion dominante ; cependant plusieurs jurisconsultes canadiens soutiennent que la coutume canadienne exige le mariage religieux, devant un ministre du culte des parties.

Autres États de l'Amérique. — Dans les républiques de l'Amérique du Sud ou de l'Amérique centrale, anciennes colonies espagnoles ou portugaises, c'est encore le dé-

(1) Cependant certains Etats du Sud s'obstinent, au mépris de la Constitution, à prohiber les mariages entre blancs et noirs ; la loi du Texas notamment punit comme un crime, passible des travaux forcés à temps, la *miscégénation* (mélange de races). Récemment un individu condamné pour ce fait par la Cour du Texas, et emprisonné par ordre du gouverneur, a formé un pourvoi devant la Cour fédérale. Celle-ci, gardienne de la Constitution, a décerné un mandat d'arrêt contre le gouverneur du Texas, pour « conspiration » contre les lois fédérales. (Voir sur cette affaire le journal *le Droit* 15 septembre 1884.)

cret du concile de Trente qui fait loi, sauf quelques exceptions. Au Chili, le mariage catholique existe seul, mais pour les mariages des non-catholiques, le curé joue le rôle d'un simple témoin : la loi lui enjoint de prêter aux parties son ministère. (Code de 1855.)

A la Plata, une loi de 1833 a conféré aux non-catholiques le droit de se marier devant les ministres de leur culte ; les registres de l'état civil des non-catholiques et des catholiques étrangers sont tenus par l'autorité civile. — Au Brésil, une loi de 1861 a déclaré valables les mariages antérieurement contractés devant les ministres d'un culte dissident, mariages que les juridictions ecclésiastiques catholiques refusaient de reconnaître, et a autorisé formellement pour l'avenir ces ministres à célébrer les unions de leurs coréligionnaires. — Dans tous ces États, les conditions de fond du mariage sont déterminées, même pour les dissidents, par le droit canon catholique ; le mariage est donc indissoluble.

Deux États s'écartent du droit commun de l'Amérique espagnole : le Paraguay, où la longue domination de la Compagnie de Jésus n'a pu détruire l'ancienne coutume du mariage consensuel, et le Mexique. Le mariage civil fut rendu obligatoire au Mexique à la suite de la révolution de Juarez (1861) et le code mexicain de 1874 l'a définitivement consacré ; c'est un mariage civil indissoluble.

Conclusion

La conclusion qui se dégage le plus nettement de notre étude, est la constatation de ce fait, que l'idée du mariage, contrat civil, exclusivement soumis aux lois et juridictions séculières, triomphe aujourd'hui dans la plupart des législations, malgré les vives résistances qu'elle a soulevées. En vain l'Église catholique a-t-elle protesté et, par la voix de ses pontifes, dénié au pouvoir temporel le droit de déterminer les conditions de validité du mariage et de connaître des causes de nullité, lui reconnaissant seulement le droit de régler les effets civils des mariages canoniques ; ces protestations n'ont pas empêché les États les plus catholiques, comme l'Italie et l'Espagne, d'inscrire le mariage civil dans leurs codes, affirmant ainsi leur souveraineté temporelle et leur respect pour la liberté de conscience des citoyens.

Le divorce, présenté parfois, mais à tort, comme inséparable logiquement du mariage civil, a progressé plus lentement. La France vient de le rétablir, mais l'Italie et l'Espagne l'ont rejeté, pour des causes que nous apprécions plus loin. Quoi qu'il en soit, le mariage civil, avec ou sans divorce, est bien près de devenir le droit commun des pays civilisés ; presque toutes les lois l'admettent, au moins à titre facultatif ou subsidiaire. Le mariage purement religieux deviendra bientôt une exception au même titre que le mariage consensuel d'Écosse ou de États-Unis, qualifié d'ailleurs de *mariage chrétien* par certains publicistes. C'est qu'en effet le mariage civil, contrat solennel, assujetti à des formes rigoureuses dans un but d'ordre public et de moralité, est la seule forme légale qui présente ce double avantage de respecter toutes les convictions, toutes les croyances, et d'assurer aux parties la preuve authentique de l'union contractée, consignée sur les registres de l'état civil par l'officier célébrant. C'est aussi la forme que réclame le droit *international:* du jour où elle serait partout admise, il ne serait plus possible de contester, pour des motifs religieux ou autres, la validité extrinsèque d'un mariage contracté en pays étranger selon les formes de ce pays, ou même son existence par suite de l'absence de preuve authentique.

CHAPITRE II

SOLUTION THÉORIQUE DES CONFLITS DE LÉGISLATION RELATIFS AU MARIAGE

Quelle est, en cas de conflit, la loi qui doit régir le mariage, telle est la question que nous étudierons dans ce chapitre à un point de vue purement théorique ; nous n'aborderons l'examen du droit positif, qu'après avoir posé les principes à l'aide desquels nous en apprécierons la valeur. Tout rapport de droit suppose trois éléments : personnel, réel, et formel. Elément *personnel :* dans tout rapport de droit, figurent des personnes, sujets du droit, dont la loi détermine l'état et la capacité ; c'est ainsi qu'elle fixe les règles de la capacité matrimoniale (condition d'âge, etc.). Elément *réel :* la *res* dans tout contrat, c'est l'objet de l'obligation des parties : dans le mariage, la *res* n'est donc autre chose que le « lien matrimonial », c'est-à-dire l'union envisagée en elle-même, au point de vue des effets qu'elle peut produire, des droits et obligations qu'elle crée entre mari et femme, de sa dissolution par divorce ou de son indissolubilité... Enfin l'élément *formel* est l'acte par lequel le rapport de droit se manifeste extérieurement : en l'espèce, ce sont les formes requises par la loi pour l'existence ou la validité du mariage (par exemple, en France : célébration par l'officier de l'état civil, condition d'existence; publicité de cette célébration, condition de validité). — Si l'on suppose un mariage contracté sur un territoire donné, en France par exemple, entre Français résidant en France, en sorte que les effets de leur union ne se produisent qu'en France, aucun conflit de législation ne peut naître ; seule la loi française est compétente pour trancher les contestations relatives à la capacité des parties, à la forme de l'acte ou à ses effets. Mais que le mariage soit contracté en France par des étrangers ou par des Français à l'étranger, dès lors un conflit éventuel est possible entre la loi territoriale et la loi personnelle des contractants, l'une et l'autre pouvant se déclarer compétentes; de même, s'il s'agit de faire produire à une union, contractée sous l'empire de la loi des parties, un effet quelconque sur un territoire soumis à d'autres lois. En effet chaque État a une double souveraineté : souverain dans les limites de son territoire, il a une souveraineté législative *réelle* ; ayant autorité sur les personnes unies à lui par un lien déterminé, la nationalité, sur les régnicoles en un mot, il a une souveraineté *personnelle*. Lors donc qu'un rapport de droit, par quelqu'un de ses éléments, est susceptible d'être régi par deux ou plusieurs lois, il y a conflit possible entre les deux souverainetés, réelle et personnelle. Ce sont ces conflits que le droit international privé a pour but de trancher, en déterminant quelle est, dans une circonstance donnée, la loi qui doit l'emporter ; mais il n'est pas encore parvenu, en fait, à réaliser pleinement sa mission. Chaque État suit des principes différents pour résoudre les conflits ; on peut cependant signaler une tendance commune de la plupart des États à exagérer leur souveraineté « réelle », aux dépens de la souveraineté personnelle dont relèvent les étrangers. Seule l'*Italie* a rompu avec ces errements, et s'est inspirée dans son Code de 1865 des véritables principes rationnels du droit international privé. Exposons-les brièvement, pour en faire ensuite l'application au mariage : La souveraineté de chaque État n'est point absolue, tel est le point de départ du système ; sans doute chaque État peut, étant indépendant, prohiber l'application de toute loi étrangère sur son territoire, mais s'il le fait, il manque à ses obligations internationales et nuit à ses propres intérêts, en s'exposant à des représailles. La souveraineté n'a d'autre but que d'assurer l'indépendance de l'État, et de garantir à tous, aux étrangers comme aux nationaux, le libre exercice de leur droit ; ce but détermine les limites dans lesquelles elle doit s'exercer. La sûreté de l'État ne justifie pas l'ancienne théorie qui, faisant des droits privés deux parts (*jus gentium* et *jus civile*), exclut les étrangers du *jus civile ;* aussi le Code italien reconnaît-il aux étrangers la *jouissance* de tous les droits privés. Quant à la loi qui réglemente l'*exercice* de ces droits par les étrangers, le même Code adopte pour règle l'application à chacun de sa *loi nationale*, toutes les fois qu'elle ne porte pas atteinte à l'ordre public. Tel est, en effet, le véritable principe rationnel : chaque État est intéressé à ce que l'application pratique du droit soulève le minimum de conflits ; or ce but est atteint si l'on applique à l'étranger sa loi personnelle, qu'il connaît, qui est faite pour ainsi dire *à sa mesure*, et appropriée aux usages, aux mœurs, au développement physique et intellectuel de la race dont il fait partie. Concéder n'est pas abdiquer : l'Etat qui admet le principe de la personnalité des lois n'abdique aucun de ses droits légitimes, puisqu'il n'admet l'étranger à invoquer sa propre loi qu'autant qu'elle est compatible avec l'ordre public. L'ancien droit avait déjà reconnu qu'il est des lois applicables même au delà des frontières ; il distinguait les statuts réels des statuts personnels: les premiers, principalement relatifs aux choses (transmission ou constitution de la propriété, droits réels, etc...) régissant tous les biens situés sur le territoire, inapplicables au delà, — les seconds, principalement relatifs à l'état et à la capacité des personnes, et suivant celles-ci même en dehors de leur domicile. Mais cette distinction traditionnelle est insuffisante à un double point de vue : d'une part il est des statuts relatifs aux biens (exemple : succession) qui n'intéressent pas nécessairement l'ordre public et par suite doivent être considérés comme personnels; d'autre part, les conflits s'élevant plutôt aujourd'hui entre les lois de deux États qu'entre les coutumes d'un même pays (l'Italie, la France, etc., possèdent une législation unique), c'est désormais la nationalité, fait plus stable que le domicile, lequel dépend de la seule volonté des individus, qui doit déterminer leur loi personnelle.

Pour appliquer ces principes au mariage, il convient de distinguer nettement les formes extrinsèques des conditions de fond et des effets. Car si la capacité requise et les effets de l'union contractée doivent être régis par la loi personnelle des parties, nous démontrerons qu'il n'en est pas de même des statuts de forme.

CONDITIONS DE FOND. — EFFETS DU MARIAGE

C'est, disons-nous, la loi personnelle des parties qui est naturellement compétente pour régler leur *capacité matrimoniale*. Le principe est facile à justifier : la capacité fait en quelque sorte partie intégrante de la personne juridique ; toute loi sur la capacité des individus est le résultat de l'expérience, de la connaissance acquise, des conditions particulières du développement d'un peuple. Une loi faite pour les peuples du Midi, plus précoces, ne peut convenir aux peuples du Nord ; et il serait contraire au bon sens et aux bonnes mœurs d'autoriser une jeune Danoise ou Norwégienne de douze ans, enfant à peine formée, à se marier en Espagne, sous prétexte que la loi espagnole déclare la femme nubile à cet âge. Il en est de même pour le consentement des ascendants ; si la loi américaine, qui autorise tout individu pubère de l'un ou de l'autre sexe à contracter mariage sans leur consentement, peut se justifier pour les jeunes Américains, habitués de bonne heure au *self government*, à la responsabilité de leurs actes, il serait déplorable de l'appliquer à des Français mineurs de passage aux États-Unis ; car, en droit français, fils et filles sont, à tort ou à raison, écartés jusqu'à leur majorité de toute participation aux affaires, et soumis à une autorité que la loi considère comme une protection nécessaire pour le mineur, un secours contre les entraînements auxquels il serait tenté de céder. C'est surtout en matière de mariage que ces entraînements sont à redouter ; il est donc naturel que cette loi protectrice suive le Français en quelque lieu qu'il se rende ; mineur en son pays, il ne peut devenir majeur en passant la frontière, et sa capacité ne doit dépendre que de sa nationalité, non des hasards d'une résidence variable.

Ce que nous disons de la capacité est vrai aussi des effets du mariage, par identité de motifs. Le mariage est un élément de l'état des personnes ; l'état de femme mariée, par exemple, est bien différent, en droit, de l'état de fille ou de veuve. C'est donc à la loi personnelle des parties qu'il appartient de régler les conséquences juridiques de l'état de mari ou de femme, de décider si la femme mariée doit être frappée d'incapacité, et dans quelle mesure : mais tandis que, pour déterminer la capacité matrimoniale, deux statuts personnel sont compétents si les deux futurs sont de nation différente, il ne peut être question ici que d'un statut personnel unique, *celui du mari*. Les effets d'un même contrat ne peuvent varier suivant que l'on envisage l'un ou l'autre des contractants ; et puisque le mari est *chef* de la famille, qu'il communique à la femme sa nationalité, sa loi personnelle est la loi du contrat. C'est aussi la loi personnelle du mari qui nous paraît devoir déterminer le caractère de l'union au point de vue de sa dissolution par divorce ou de son indissolubilité ; mais comme sur ce point nous sommes en désaccord avec la doctrine dominante, qui considère les lois sur le divorce, soit qu'elles le prohibent, soit qu'elles l'admettent, comme des statuts réels et d'ordre public, faisant échec à la loi personnelle des étrangers, nous renvoyons à notre chapitre sur le divorce la justification de notre principe. Nous réservons également la solution des difficultés que soulève la conciliation du principe de l'indivisibilité des effets du mariage, avec le principe de la naturalisation individuelle.

Si nous ne voyons point dans la loi du divorce un statut réel, nous reconnaissons qu'il existe cependant, dans la loi du mariage, des dispositions rentrant sans conteste dans la classe des statuts réels ; telles sont les lois prohibant la polygamie ou l'inceste, au nom de la moralité publique. Mais faut-il aller plus loin et considérer comme d'ordre public toutes les lois édictant à peine de nullité des empêchements au mariage ? Tel est le point de vue du Code italien, qui, en cas de divergence entre la loi italienne et la loi étrangère, applique en tout cas la plus rigoureuse, celle qui apporte au mariage le plus d'obstacles. C'est là, selon nous, une exagération. Sans doute, toute loi sur le mariage est d'ordre public, mais en quel sens ? En ce que rien, dans une telle loi, ne peut être laissé à la *volonté* des contractants ; que toutes ses dispositions doivent avoir un caractère *impératif :* si dans les contrats pécuniaires, comme le *contrat de mariage* par exemple, la volonté des parties fait loi, si l'*autonomie* des contractants est la règle, en sorte que les lois qui s'y réfèrent ont un caractère simplement interprétatif ou supplétif, c'est qu'ils n'ont trait en principe qu'à des intérêts privés; aussi le législateur proscrit-il, même dans ces contrats, toute clause contraire à l'ordre public ; or la loi du mariage ne met pas seulement en jeu des intérêts privés, mais l'intérêt de la société dont la famille est la base: elle doit donc être placée au-dessus de la volonté des parties. En ce sens, elle est d'ordre public ; mais s'ensuit-il qu'elle soit *d'ordre public* en ce second sens que nul État ne doive tolérer en cette matière l'application d'une loi étrangère? Nullement ; la seule loi compétente pour régler *impérativement* les conditions du mariage est la loi nationale des parties, ainsi que nous l'avons démontré; les cas où la loi territoriale doit l'emporter (polygamie, etc.) sont l'exception, la personnalité doit être la règle. C'est ainsi que, selon nous, l'ordre public français est plutôt intéressé à permettre à des Espagnols, par exemple, de se marier à l'âge fixé par leur loi, qu'à les contraindre d'attendre l'âge fixé par la loi française.

FORMES DU MARIAGE.— MAXIME : *Locus regit actum*

Le principe applicable aux formes du mariage se résume dans la maxime traditionnelle : *Locus regit actum.* Cette maxime signifie : 1° que la *lex loci contractus,* en l'espèce la loi du lieu où le mariage est contracté, détermine les formes extrinsèques du mariage ainsi que les formalités qui précèdent, accompagnent ou suivent la célébration ; 2° que la même loi régit la preuve du mariage. — Cette maxime est facile à justifier : le droit international doit avoir pour but constant, dans la solution des conflits, d'appliquer à tout rapport de droit susceptible d'être régi par plusieurs lois celle qui semble la plus apte à le régir. Or, supposons que deux Français résidant en pays étranger veuillent s'y marier : autant il est logique d'exiger d'eux l'observation des règles de capacité, autant il serait irrationnel de les contraindre à observer les formes prescrites par la loi française ; si l'on ne veut créer des obstacles injustifiables au mariage des nationaux à l'étranger, il faut les autoriser à recourir aux formes locales, abstraction faite de toutes les prescriptions de leur loi personnelle, qui n'a pas qualité pour donner des ordres sur un territoire étranger. Si l'on veut, or tel est l'idéal, que la validité du mariage soit *partout* reconnue, et empêcher qu'une union valable pour les uns ne soit pour les autres un concubinage, il faut que toutes les nations consentent à tenir pour valables en la forme les mariages contractés dans les formes locales ; il faut même que tous les États reconnaissent au principe un caractère *impératif*.

Tout d'abord, c'est notre *première proposition*, le principe doit être appliqué dans toute son étendue : si des

Français contractent aux États-Unis un mariage consensuel, sa validité ne doit pas être contestée en France, sous le prétexte que la solennité est de l'essence du mariage : si des sujets d'un État où la bénédiction nuptiale est encore requise se marient civilement dans un pays admettant le mariage civil, cette union doit être reconnue en leur pays, alors même que la loi du lieu où ils ont contracté admettrait concurremment le mariage religieux. La *lex loci* doit régir tout ce qui se rattache aux formes; c'est elle qui déterminera en particulier les formes requises à peine de nullité et les formes purement réglementaires, les conditions de l'action en nullité (personnes admises à l'exercer, durée de l'action, etc.), enfin le caractère *putatif* d'un mariage annulé pour vice de forme, par exemple, pour clandestinité telle qu'elle est définie par la *lex loci*. L'application de la maxime aux actions en nullité et au mariage putatif est contestée par MM. Laurent (1) et Brocher, elle nous paraît cependant logique; si l'on reconnaît que la *lex loci* est compétente pour déterminer les formes, on doit s'y référer aussi pour préciser l'importance respective de ces formes, et leur sanction.

Deuxième proposition (très contestée) : la maxime *Locus regit actum* est *impérative*. On présente assez souvent cette maxime comme facultative, en sorte que les étrangers auraient l'option entre les formes locales et les formes de leur loi personnelle : des Américains pourraient se marier en France par exemple par le seul échange des consentements, des Anglais y faire célébrer leur union par un ministre anglican. Nous contestons

(1) Laurent, *le Droit civil international*, le mariage, sect. II (solennités).

absolument ce système, d'abord au point de vue de l'État sur le territoire duquel le mariage est contracté, et dont la souveraineté serait violée, ensuite au point de vue de l'État dont relèvent les contractants, qui est plutôt intéressé à prohiber de telles unions. Il est certain d'abord qu'à moins d'un texte de loi contraire, les tribunaux du premier de ces deux États doivent annuler ce mariage. Pour le démontrer, nous ne reproduirons pas l'argumentation subtile des anciens auteurs, qui, voulant faire rentrer toutes les lois dans le cadre des statuts réels et personnels, représentaient les lois de forme comme un statut personnel : *personnel* par rapport à l'officier rédacteur de l'acte (*scriptum*), dont la capacité est forcément régie par la loi qui l'institue (1). Nous donnons à la maxime une portée bien plus large et ne la limitons pas à la rédaction des écrits probatoires ; c'est donc par application et non par extension de la règle *Locus regit actum*, que nous attribuons compétence à la *lex loci :* 1° pour déterminer les formes requises *ad solemnitatem ;* 2° pour organiser les modes réguliers de preuve (autorités compétentes pour dresser les actes de l'état civil, force probante de ces actes), et indiquer les preuves admissibles au cas de défaut d'actes réguliers. Il serait illusoire d'autoriser les nationaux à se marier à l'étranger dans les formes locales, s'ils ne pouvaient en démontrer l'accomplissement en se référant aux modes de preuve que leur offre la *lex loci*.

Telle est la portée de la maxime : ainsi entendue, il est plus vrai de la rattacher au statut réel qu'au statut personnel. C'est qu'en effet l'ordre public de chaque État

(1) Consult. thèse de M. Duguit, Bordeaux, 1882 : *Conflits de législation relatifs à la forme des actes.*

est intéressé à imposer à tous ceux qui contractent sur son territoire les lois de forme et de preuve : ces formes ont pour but d'assurer la libre expression du consentement ; or le législateur du pays où l'acte est passé est seul vraiment compétent pour apprécier, eu égard au milieu social pour lequel il dispose, si les contractants ont ou non besoin d'une protection légale, résultant de certaines formes et conditions de publicité ; seul il a qualité pour désigner les autorités exclusivement investies du droit de célébrer les mariages : est donc nul tout mariage contracté en dehors des formes qu'il édicte. En revanche, l'État dont nous affirmons ainsi le droit n'a-t-il pas des devoirs ? Ne doit-il pas, s'il veut qu'on respecte ses justes prérogatives, respecter à son tour la souveraineté des autres États, et, dans ce but, imposer à ses sujets l'observation des formes du lieu où ils contractent, de préférence à leur loi personnelle ? Nous le croyons ; et ce, non par simple *courtoisie* internationale, mais afin d'empêcher la célébration de mariages destinés fatalement à n'être reconnus que dans les limites d'un seul État. Par quel motif, en effet, les autres États reconnaîtraient-ils un mariage contracté suivant les formes de la loi personnelle des parties, mais au mépris de la souveraineté territoriale ?

Ainsi, en théorie, nous considérons la maxime *Locus regit actum* comme absolue. En pratique certains tempéraments doivent y être apportés à raison de la diversité des législations. Tant que certains pays n'admettront que le mariage religieux, les États admettant le mariage civil et même les autres États, à raison de la diversité des formes religieuses, devront, dans l'intérêt de leurs nationaux, charger leurs représentants diplomatiques ou consuls à l'étranger de célébrer les mariages de leurs ressortissants, dans les formes de la loi dont ils relèvent. Sans doute, on peut voir dans cette compétence consulaire un empiètement sur les droits de l'État auprès duquel le consul est accrédité; mais cet État n'a pas le droit de s'en plaindre, puisqu'il viole la liberté de conscience des étrangers. D'ailleurs, cette compétence ne constitue une atteinte sérieuse à la souveraineté territoriale que si elle s'étend même aux mariages des ressortissants du consul avec les sujets de l'État; ces derniers mariages seront certainement méconnus par les justices locales, de là des conflits insolubles, tant que des traités internationaux n'auront point fixé d'un commun accord les limites de la compétence consulaire.

Une deuxième dérogation, également justifiée, au principe *Locus regit actum* consiste à imposer aux personnes qui veulent se marier à l'étranger l'obligation de procéder à des publications préalables en leur pays d'origine; cette formalité, qui figure dans nombre de codes, a pour but d'empêcher les nationaux de contracter mariage au dehors uniquement pour éluder les dispositions prohibitives de leur loi personelle. Le défaut de publications doit-il être sanctionné par la nullité du mariage au regard du pays d'origine, ou ne doit-on voir dans cette formalité qu'une disposition simplement réglementaire, tout au plus sanctionnée par une amende lors du retour du défaillant sur le territoire? Nous verrons plus loin comment cette question a été résolue en droit positif; mais en théorie, la dernière solution paraît seule logique. En effet, de deux choses l'une : ou l'une des conditions *de fond* de la loi compépente a été violée, mais alors le mariage est nul *ipso facto*, pour défaut de capacité; ou au contraire toutes les conditions de fond ont été observées, mais en ce cas le seul défaut de publications ne peut servir de base à une action en nullité, puisque ces publications n'avaient d'autre objet que d'assurer l'observation des conditions précitées, et qu'au surplus il n'y a pas vice de forme, les formes prescrites par la *lex loci* ayant par hypothèse été employées par les contractants.

Les théories que nous venons d'exposer sont celles de la majorité de la doctrine, en France et en Italie. Elles ont pour adversaires deux écoles : l'école *allemande*, ou du *domicile matrimonial*, et l'école anglo-américaine, qui applique, en principe, la *lex loci contractus*, au mariage comme aux autres contrats, sans distinguer la forme du fond. — Les jurisconsultes allemands admettent comme nous l'existence d'un statut personnel ; mais d'après eux, d'après *Savigny* tout au moins, dont l'autorité est demeurée prédominante, ce statut ne dépendrait pas de la nationalité, mais du domicile (1). En conséquence, la loi qui doit régir les conditions et effets du mariage est la loi du domicile du mari, au moment de la célébration ; c'est en effet, dit Savigny, au domicile du mari, chef de la famille, qu'est le *siège juridique* du contrat. L'application au mariage de ce système absolu qui prétend *localiser* une abstraction, un fait juridique dont la nature même s'oppose à cette localisation, a conduit à des con-

(1) En Allemagne, la doctrine réagit directement sur la jurisprudence, vu l'absence de Code civil général : chez nous, les systèmes théoriques de la doctrine peuvent différer profondément du système légal, ainsi que nous le verrons dans les chapitres suivants; mais dans l'empire allemand, les divers systèmes des jurisconsultes sont directement appliqués par les tribunaux, suivant les préférences du juge à moins que les statuts locaux n'aient expressément résolu le point litigieux.

séquences injustifiables : supposons, par exemple, que la femme soit incapable, d'après son statut personnel; peu importe, dit-on, pourvu qu'elle soit capable aux termes de la loi du mari. C'est méconnaître la base même du statut personnel : si la femme est impubère, d'après la loi de son pays, est-ce que la loi d'un étranger, loi faite pour une autre race, peut modifier en rien sa capacité ? On objecte que le mari est chef de la famille; mais quand le devient-il? Après le mariage; or c'est *avant* le mariage qu'il faut se placer pour apprécier la capacité matrimoniale de chacun des futurs. Quant aux effets du mariage, s'ils doivent être effectivement régis par une loi unique, la loi personnelle du mari, est-il bien logique de s'attacher au domicile? Décider que la loi du domicile matrimonial, c'est-à-dire du domicile où les parties ont l'intention de se fixer en se mariant, sera la loi du mariage, c'est laisser aux parties la faculté de choisir la loi qu'il leur plaira; le mari français mineur de vingt-cinq ans n'aura, par exemple, qu'à transporter son domicile dans le pays de sa femme, si sa femme est écossaise, pour éluder l'obligation d'obtenir le consentement des ascendants. Cette faculté d'option qui convient aux contrats pécuniaires (comme le contrat de mariage accessoire de l'union des personnes), est contraire à l'essence même du statut personnel; les lois sur l'état et la capacité sont des lois qui s'imposent, et l'on ne peut s'y soustraire par un simple acte de volonté, mais seulement à condition d'abdiquer une part de sa personnalité juridique, sa nationalité. Savigny apporte à son principe deux exceptions : 1° en ce qui concerne les formes du mariage qui, pour des motifs de nécessité pratique, peuvent être déterminées par la *lex loci :* les parties ont cependant l'*option* entre cette loi locale et leur loi personnelle (nous avons déjà combattu ce système); 2° pour les « lois strictement coactives » ou réelles dans lesquelles il fait rentrer la loi du divorce.

Quant à l'école anglo-américaine, dont Story est un des représentants les plus autorisés, sa doctrine pure (dont plusieurs jurisconsultes tendent d'ailleurs à s'écarter) est la négation même du statut personnel ; ainsi l'exige le caractère féodal de la *common law*. D'après cette doctrine, se traduisant plutôt sous forme de commentaires des arrêts des cours que par des ouvrages théoriques, « tout contrat, et le mariage en particulier, doit être tenu pour valable partout, en principe, s'il est valable *d'après la loi du lieu* où il s'est formé, et pour nul, s'il est nul d'après cette même loi. » C'est faire de la maxime *Locus regit actum*, que les autres systèmes n'appliquent qu'aux formes extrinsèques et à la preuve des actes, un principe général et absolu, sans distinction aucune entre la forme et le fond du droit. Appliquée aux contrats pécuniaires, cette doctrine est soutenable : puisque ces contrats dépendent de la volonté des parties, on peut très bien présumer, en l'absence de clauses expresses, qu'elles ont entendu se référer à la *lex loci contractus* pour les conditions et effets de leur contrat; encore faudrait-il réserver la capacité de s'obliger, qui ne dépend pas de la volonté des contractants. Mais décider que la même loi doit régir les formes, les conditions de fond et les effets du mariage, c'est fournir aux étrangers le moyen de frauder leur loi, alors que l'intérêt bien entendu des États exigerait une entente commune pour la répression de telles fraudes. Les partisans du système anglais portent la question sur un autre terrain : la souveraineté territoriale, disent-ils, est *absolue*, son empire s'étend donc aux personnes et aux choses qui se trouvent sur son domaine. Les mariages célébrés en Angleterre ou aux États-Unis, même par des étrangers, sont des mariages anglais ou américains, soumis comme tels, à tous les points de vue, au statut territorial; l'Angleterre, ajoute-t-on, ne mérite aucun reproche, car elle consent de son côté sans y être obligée, puisqu'elle est souveraine chez elle, à reconnaître les mariages contractés par ses sujets à l'étranger suivant la *lex loci*. Nous avons déjà montré combien cette conception féodale de la souveraineté, admise par l'Angleterre conservatrice et, singulière inconséquence, par une république démocratique comme les États-Unis, est contraire aux nécessités de la vie sociale moderne, en raison des obstacles qu'elle apporte au développement des rapports internationaux. Aussi certains arrêts récents des cours anglaises, sur lesquels nous reviendrons en étudiant le droit positif, révèlent-ils une tendance à admettre le caractère *personnel* des lois relatives à l'état ou à la capacité des individus. Cette évolution une fois terminée permettra, il faut l'espérer, d'arriver à une entente internationale sur la solution des conflits de législation qui s'élèvent en matière de mariage, en prenant pour bases de cet accord :

1° L'application de la maxime *Locus regit actum* aux formes du mariage et aux preuves de la célébration ;

2° L'application de la loi nationale des contractants aux conditions de fond ou de capacité, aux effets du mariage et à ses causes de dissolution, sauf les restrictions imposées par l'ordre public.

DEUXIEME PARTIE

DROIT POSITIF

CHAPITRE I

DES FORMES DU MARIAGE

Ce chapitre contiendra l'exposé des solutions données par le droit positif (loi française et principales lois étrangères) aux conflits de législations concernant les formes extrinsèques du mariage, solennités, formalités accessoires (publications, etc.), et modes de preuve. Voici l'ordre que nous suivrons : 1° mariage des Français à l'étranger ; — 2° des étrangers en France ; — 3° loi qui régit les preuves et les nullités de forme ; — 4° compétence consulaire.

Historique de la maxime *Locus regit actum* dans son application au mariage

La théorie du droit français, consignée dans les articles 170 et 171, 47 et 48 du Code civil, se résume, sauf certaines restrictions, dans la maxime *Locus regit actum*, appliquée aux formes extrinsèques. Les motifs que nous avons développés plus haut avaient de bonne heure déterminé les jurisconsultes à adopter cette règle; déjà les glossateurs la formulaient au moyen âge, en lui donnant même une portée trop large, puisqu'ils l'appliquaient aux conditions de fond et aux effets des actes juridiques. Mais ils en cherchaient à tort l'origine dans différents textes du droit romain faussement interprétés : en réalité le conflit ne se posait pas à Rome dans les mêmes termes qu'aujourd'hui ; la *civitas*, ensemble des droits que confère la qualité de citoyen d'un État, était considérée comme une qualité *personnelle*, indépendante du territoire. Au point de vue spécial du mariage, si deux Romains se mariaient hors de Rome, les *justæ nuptiæ* qu'ils contractaient étaient, en la forme et au fond, soumises au *jus civile;* si un Romain s'alliait à un pérégrin, ce n'était pas la loi de ce dernier qui régissait le mariage, mais un droit spécialement créé pour ces sortes de relations juridiques, le *jus gentium*. Enfin, si deux pérégrins se mariaient à Rome, il ne pouvait être question de leur appliquer la loi romaine: le préteur pérégrin leur appliquait problablement le droit de leur cité. — Si de Rome nous passons à l'époque franque, nous trouvons une situation analogue ; la loi est *personnelle*, et non territoriale. Pour les mariages mixtes (entre Francs et Gallo-Romains), on devait appliquer la loi personnelle de la femme (1). Au moyen âge, à la personnalité succède la réalité absolue des lois et coutumes dans l'étendue de

(1) Si la femme était franque, son mainbourg n'abandonnait le *mondium* dont il était investi que si le futur consentait à recourir aux formes prescrites pour cette cession. Si la femme était romaine, puisqu'elle n'était pas l'objet d'un *mondium*, les rites germaniques n'auraient pas eu de sens.

chaque fief. Mais au point de vue du mariage, la loi locale avait peu d'importance, puisque les conditions en étaient réglées d'une manière uniforme par l'Église, pour tout le monde catholique. A dater du concile de Trente, l'unité de loi cessant, la maxime *Locus regit actum* fut-elle désormais appliquée au mariage? Dumoulin, distinguant nettement la forme du fond, soumettait à la *lex loci* les formes extrinsèques des actes juridiques en général; mais dans la matière du mariage, la question religieuse dut longtemps faire obstacle à l'application absolue du principe. Il est vrai que Boullenois (1) reconnaît formellement pour loi du mariage la *lex loci.* Mais les ordonnances royales annulant les mariages contractés à l'étranger par des Français sans autorisation, devaient paralyser le principe. Si en effet des Français résidant à l'étranger s'avisaient de contracter mariage devant un ministre protestant selon la loi locale, ils le faisaient certainement sans l'assentiment du roi, qui n'autorisait en fait que des mariages catholiques (devant le chapelain de l'ambassade, par exemple); ils s'exposaient donc à voir leur mariage annulé en France. Cependant Bouhier (*Coutume de Bourgogne*) semble d'une manière absolue se référer à la *lex loci;* c'est qu'au XVIIIe siècle le Parlement atténuant la rigueur des ordonnances, n'annulait plus le mariage pour défaut d'autorisation que si les parties avaient agi dolosivement. Mais il ne distingue pas nettement, comme l'avait fait Dumoulin, la forme du fond : après avoir décidé qu'on doit suivre, pour les *formalités* de la célébration, l'usage du lieu où le mariage est célébré, il cite parmi ces formalités « le consentement des

(1) Boullenois, *Traité de la Réalité*, p. 494.

ascendants », qui est en réalité une règle de fond, une condition de capacité.

SECTION 1

Mariage des Français à l'étranger

§. I. — LE PRINCIPE

Nous connaissons les précédents. Qu'a fait l'article 170 du Code civil, siège de la matière? Il a distingué nettement les formes extrinsèques et les conditions de fond, confondues par Bouhier, et limité la règle *Locus regit actum* à son domaine naturel, c'est-à-dire aux formes extrinsèques. Réservons ce qui a trait aux conditions de fond ainsi qu'aux publications à faire en France pour nous en tenir aux premiers mots de l'article : « Le mariage contracté en pays étranger entre Français, et entre Français et étrangers, sera valable, s'il a été célébré dans les formes usitées dans le pays... » Ainsi, la France se désintéresse entièrement des formes du mariage, quand il est contracté à l'étranger, fût-ce par des Français : chez elle, elle a confié à des autorités civiles (officiers de l'état eivil, maires et adjoints) la mission de célébrer les mariages ; mais, ne pouvant imposer ses lois aux autres nations, ni interdire à ses sujets de se marier à l'étranger, elle déclare valable tout mariage célébré selon la loi locale, sans distinction. Si la loi exige le mariage religieux, le Français y aura recours ; si cette loi lui donne l'option entre les formes civile ou religieuse (exemple : lois anglaise, espagnole, etc.), il pourra opter pour la forme religieuse. La jurisprudence est formelle en ce sens (1).

Enfin si la *lex loci* consacre le mariage consensuel, les Français pourront se marier par le seul échange des consentements. On pourrait objecter que la solennité est de l'essence du mariage, que l'article 170, en parlant d'un mariage « célébré » à l'étranger, exclut implicitement le mariage consensuel, exempt de toutes formes, et plus semblable à un concubinage qu'à un légitime mariage. Mais une telle objection n'est pas défendable ; l'article 170 a statué *de eo quod plerumque fit*, le mariage étant presque partout un contrat solennel, mais il est général et ne comporte aucune exception ; du reste, ne peut-on pas, à la rigueur, représenter l'échange des consentements comme la *forme* du mariage écossais ou américain (2) ? On pourrait encore objecter qu'en principe la maxime n'est applicable qu'aux formes probantes (*scripta*), et non pas aux solennités qui sont de l'essence même des actes juridiques (authenticité de l'acte de donation, célébration du mariage devant une autorité légale). L'article 170 contiendrait donc une extension du principe, puisqu'il se réfère, pour les solennités mêmes, à la loi étrangère, mais encore faudrait-il que cette loi fît du mariage un contrat solennel. Cette objection ne peut nous arrêter, puisque nous avons démontré que rien ne

(1) Cass., 16 juin 1829, Sirey. 30. 1. 312 (mariage d'un Français à la Havane, rite concile de Trente). — Aix, 19 déc. 1877, Jal *Clunet*, 78, 273. — Trib. Seine, 14 mars 1879, Jal *Clunet*, 79. 547 (mariage israélite célébré en Russie selon le rite hébraïque). — Cass., 20 janvier 1879, S. 79. 1. 417.

(2) C'est ainsi que le consentement est envisagé, en droit romain, comme la *causa civilis* des contrats consensuels.

justifie une semblable limitation de la maxime. Est-il possible de contraindre un Français à se marier devant l'officier de l'état civil dans un pays où l'intervention de ces fonctionnaires, quand il en existe, est purement facultative? La singularité de la conclusion condamne le système : aussi la jurisprudence la repousse-t-elle unanimement (1).

Certaines législations attachent à la convention de fiançailles certains effets juridiques. Le droit français au contraire l'annule implicitement; l'article 180 considère comme une cause de nullité tout défaut de liberté dans le consentement ; or la liberté des contractants ne serait pas complète s'ils pouvaient être liés par des conventions antérieures à leur comparution devant l'officier de l'état civil. On en conclut généralement que la partie qui rompt sans juste cause une promesse de mariage ne peut être condamnée à des dommages et intérêts envers l'autre partie, à raison du préjudice qu'elle lui cause de ce chef. Tout au plus pourrait-on allouer à la partie lésée (il y a des arrêts en ce sens) une indemnité égale aux dépenses qu'elle a faites en vue du mariage projeté : *damnum emergens* (solution du Code italien, art. 54); mais elle ne peut rien réclamer pour le profit qu'elle comptait retirer de l'union (*lucrum cessans*), ni surtout agir en justice à l'effet d'obtenir de l'autre partie l'exécution de la promesse. Eh bien, doit-on appliquer aux fiançailles comme au mariage même, la règle *Locus regit actum*, en sorte que les tribunaux français devraient reconnaître au contrat de

(1) Cass., 20 déc. 1841, S. 42. 1. 321. — C. Paris, 20 janv. 1873, S. 73. 2. 177. — Ces arrêts ont reconnu la validité des mariages contractés *solo consensu*, l'un en Pensylvanie, l'autre dans l'État de New-York.

fiançailles formé à l'étranger entre Français, ou entre Français et étranger, conformément à la *lex loci*, les effets que cette loi y attache? Nous ne le pensons pas; ce n'est pas en réalité d'une simple forme, mais du fond même du droit qu'il s'agit : la loi française prohibe le contrat de fiançailles, *quelles qu'en soient les formes*, comme portant atteinte à la liberté des contractants. Il convient cependant d'excepter le *Verlöbniss* allemand ou scandinave, qui n'est pas un simple contrat de fiançailles, mais bien un *mariage imparfait*, susceptible par lui-même de produire la plupart des effets du mariage régulier, notamment de conférer aux enfants la légitimité. Supposons qu'un tel contrat soit intervenu en Allemagne, fût-ce entre deux personnes d'origine française, et que l'enfant issu de la fiancée (*Verlöbte*) se dise légitime devant un tribunal français : celui-ci devra faire droit à sa demande, s'il reconnaît que les formes prescrites par la loi allemande ont été observées; car, au point de vue des enfants, le *Verlöbniss* est un véritable mariage. Mais faut-il décider qu'une femme fiancée à un Français dans les formes de la loi prussienne, pourrait actionner celui-ci devant un tribunal français à l'effet d'obtenir un jugement *déclaratif* de mariage? Non sans doute, car en France les officiers de l'état civil ont seuls qualité pour célébrer les mariages, et le jugement demandé, tout déclaratif qu'il soit, n'en serait pas moins un complément de célébration. Le tribunal de France devrait donc renvoyer les parties à se pourvoir devant les tribunaux prussiens. Nous ne croyons pas que ces hypothèses se soient présentées en pratique; elles nous ont cependant paru intéressantes à examiner.

Solution des lois étrangères. — La règle *Locus regit*

actum, appliquée aux formes du mariage, est aujourd'hui presque incontestée. Elle n'est pas seulement admise par les États où le mariage est sécularisé, mais même par ceux qui ont conservé le mariage religieux, au moins par les États protestants (Suède, Danemark, etc... Autriche, pays mixte au point de vue des croyances). Dans les États le plus directement soumis à l'influence de l'Église catholique, la célébration religieuse a longtemps été considérée comme une condition essentielle, en quelque lieu que le mariage fût contracté, au moins quand le mariage avait lieu entre catholiques. Les lois hongroise et roumaine, le Code russe tiennent encore pour non avenus les mariages de leurs nationaux célébrés à l'étranger sans la forme religieuse. L'article 50 de la loi espagnole de 1862 sur le mariage décidait que tout Espagnol qui aurait contracté mariage à l'étranger sans faire solenniser son union par un curé en présence de deux témoins (décret du concile), devrait la faire ratifier en cette forme dans les deux mois de son retour en Espagne ; la ratification avait un effet rétroactif. La loi de 1870 établissant le mariage civil a naturellement supprimé cette obligation. — Quant au caractère facultatif ou impératif de la règle, il y a des divergences. En Allemagne la jurisprudence suit Savigny, et valide les mariages contractés dans les formes de la loi personnelle des parties, au mépris de la loi territoriale.

Il y a controverse sur ce point entre les jurisconsultes américains. Lawrence cite en faveur du caractère impératif de la règle ces paroles de M. Cushing, attorney général des États-Unis : « Si le mariage n'est pas valable là où il est célébré, il n'est valable nulle part. » Wharton au contraire tient pour valable le mariage consensuel, en quelque lieu qu'il soit formé. Ce mariage, dit-il, est le mariage par excellence, le pur *mariage chrétien* consacré par les canons antérieurs au concile de Trente ; il doit constituer le *droit commun* universel, et toute loi qui y déroge et ajoute au consentement certaines formes solennelles ne peut recevoir effet hors du territoire pour lequel elle a été édictée. Cette singulière théorie compte, paraît-il, de nombreux adeptes parmi les magistrats de l'Union, car le *Journal de droit international privé* (I, 216) cite un arrêt de la Cour suprême des États-Unis, validant un prétendu mariage consensuel contracté *en France* entre deux Français, pur concubinage pour tout autre qu'un juge d'Amérique! Plus récemment, la cour d'appel de New-York (1) validait un prétendu mariage contracté on ne savait au juste en quel pays (France ou Angleterre), le fait de cohabitation qui élevait une « présomption de mariage », s'étant continué dans les deux pays : cette fois, la cour ne niait point la compétence naturelle de la loi territoriale pour régler les formes du mariage ; mais elle estimait qu'en l'absence d'une justification par le demandeur en nullité des formes requises en droit étranger, il n'y avait pas lieu de s'enquérir de ces formes, et qu'on pouvait les présumer identiques à celles admises dans l'État de New-York !

§ II. — LES EXCEPTIONS AU PRINCIPE

1re Exception : Publications prescrites par l'article 170 C. C.

L'application pure et simple de la règle *Locus regit actum* aux mariages des nationaux à l'étranger peut fa-

(1) Cour de New-York, 6 mars 1883, Jal *Clunet*, 84, p. 428.

voriser la fraude. Des Français, par exemple, pourraient être tentés de se marier dans un pays voisin pour éluder les règles de fond prescrites par leur loi, ou simplement pour éviter certaines formalités dilatoires préliminaires, comme la nécessité des actes respectueux au cas de refus des ascendants. C'est pour empêcher de telles fraudes que plusieurs législations (1), en particulier la loi française, exigent de leurs nationaux qui désirent contracter mariage à l'étranger, certaines publications dans leur pays d'origine. Il y a, dans la disposition finale de l'article 170 de notre Code, qui contient cette prescription, une véritable exception au principe, puisqu'on astreint les Français à faire en France les publications prescrites par l'article 63 C. C., alors même que la *lex loci* les en dispenserait. C'est ainsi que la loi anglaise n'exige pas des étrangers qu'ils procèdent à des publications dans leur pays ; on sait qu'il est même facile d'obtenir dispense des publications en Angleterre. Quant à la loi allemande du 6 février 1875, elle édicte (art. 47) des formes spéciales pour le cas (2) où les publications doivent être faites à l'étranger ; les publications en ce cas résultent d'une in-

(1) V. Code civil italien (art. 100), autrichien (art. 4), des Pays-Bas (art. 158).

(2) Ces publications doivent être faites : 1° au lieu du domicile ; 2° au lieu de la résidence habituelle, si elle est distincte du domicile ; 3° à l'ancien et au nouveau domicile, si l'un des futurs a changé de domicile depuis moins de six mois. L'article 46 de la loi fédérale, qui pose ces règles, est, on le voit, beaucoup plus clair que nos articles 166 et 167, si diversement interprétés. Ajoutons que la loi allemande ne prescrit, avec raison, qu'une seule publication, et qu'en certains cas, elle autorise la dispense de toute publication, exemple : mariage *in extremis*. (V. art. 44 et 50, loi de 1875.)

sertion dans un des journaux de la localité, insertion servant de point de départ à un délai de deux semaines à l'expiration duquel le mariage peut avoir lieu. Eh bien, en présence de l'article 170, il est certain qu'un Français qui, voulant se marier en Allemagne, procéderait simplement à l'insertion précitée, violerait la loi française. Il est une autre forme préalable à la célébration que l'article 170 impose aux Français en quelque lieu qu'ils se marient, c'est l'obligation, pour les parties majeures quant au mariage, de *requérir le conseil* de leurs ascendants : cette formalité est en effet prescrite par les articles 151 à 155 C. C., qui figurent au chapitre Ier du titre du Mariage, à côté des conditions de fond ou de capacité; or l'article 170 exige des Français qu'ils respectent en toute hypothèse les dispositions contenues dans ce chapitre. Cette exception à la règle *Locus regit actum* est d'autant plus sensible que la plupart des législations ignorent ou ont supprimé cette formalité : le Code italien n'édicte aucune règle de ce genre, et dès 1815, le gouvernement prussien a abrogé les articles 151-155 du Code civil français, demeuré en vigueur dans la Prusse-Rhénane. De tels actes, a-t-on dit pour motiver l'abrogation, sont en réalité fort *irrespectueux*, car ils aigrissent les rapports entre enfants et parents, sans empêcher aucun mariage; nous croyons au contraire que la nécessité de braver le refus de la famille est de nature à empêcher bien des mésalliances, et c'est même l'importance que notre Code attache à ces démarches qui l'a déterminé à les imposer aux nationaux se mariant hors de France.

Deux questions se posent sur l'article 170 :

1° S'applique-t-il à tous les Français sans exception?

2° Quelle en est la sanction?

1° *L'article 170 s'applique-t-il à tous les Français ?* — Et d'abord, s'applique-t-il aux Français qui, loin d'être allés à l'étranger pour s'y marier en fraude et rentrer ensuite, y possèdent un établissement sérieux et durable? Plusieurs systèmes : D'après M. Toullier, les Français ayant moins de six mois de domicile à l'étranger seraient seuls astreints aux publications : il invoque en ce sens l'article 15 de l'ordonnance du 23 octobre 1833, ordonnant pour les mariages, célébrés devant les consuls, des publications en France « lorsque les époux ou l'un d'eux ne sont pas *immatriculés* dans le consulat depuis six mois (1). » Mais cette ordonnance n'a pas trait à l'hypothèse prévue au texte. MM. Aubry et Rau, se fondant sur une parole de Tronchet au Conseil d'État, décident que le Français qui, n'ayant point conservé d'habitation en France, s'est établi à l'étranger depuis de « longues années », est dispensé des publications. Mais c'est là une distinction trop vague pour être juridique. L'article 170 renvoie expressément à l'article 63, implicitement aux articles 166 à 169, qui le complètent; il faut donc dire que le Français devra faire les publications dans les communes où elles devraient être faites, s'il contractait mariage en France. Il sera donc certainement astreint à des publications, s'il a conservé un domicile en France; en effet, d'après l'interprétation le plus souvent donnée à l'article 167, texte des plus obscurs, des publications doivent être faites au *domicile légal*, en outre de celles prescrites au lieu de la résidence, alors même qu'on ré-

(1) Le projet primitif du Conseil d'Etat défendait aux Français de se marier à l'étranger, tant qu'ils n'y auraient pas acquis une résidence de six mois. Mais il fut jugé trop rigoureux, difficilement applicable ; aussi fut-il abandonné.

siderait en un autre lieu depuis plus de six mois : on sait qu'il suffit d'avoir dans un lieu six mois de résidence pour pouvoir s'y marier, même avec un non-résident (article 74). Mais si le Français n'a conservé en France ni domicile ni résidence, si d'autre part, étant majeur, il n'a pas de publications à faire au domicile de ses parents ou tuteur, nous ne voyons pas d'officier public français compétent pour procéder aux publications, sauf peut-être l'officier de l'état civil de l'ancien domicile (1) : en tout cas, si ce domicile est inconnu, un obstacle de fait s'opposera à l'application de l'article 170.

2° *Quelle est la sanction?* — Plusieurs systèmes peuvent être soutenus à raison de la mauvaise rédaction de l'article, qui embrasse dans une même phrase les conditions de fond et les conditions de forme.

Premier système. — Envisagés en eux-mêmes, les *actes respectueux* et les publications sont de simples *empêchements prohibitifs*, c'est-à-dire que leur violation n'entraîne pas la nullité du mariage célébré, et que la sanction se réduit à certaines peines contre l'officier de l'état civil et parfois contre les parties. Le doute n'est pas possible lorsque le mariage est célébré en France; il suffit de rapprocher l'article 192, qui n'attache au défaut de publication qu'une simple amende, des articles 191 et 193 combinés qui autorisent l'annulation du mariage pour clandestinité ou pour incompétence de l'officier. Rien de plus rationnel que cette distinction : ce qui con-

(1) L'article 100 du Code italien, qui correspond à notre article 170, enjoint expressément à l'Italien qui n'a plus de résidence en Italie de faire des publications dans la commune de son dernier domicile.

stitue la publicité du mariage, c'est la célébration par l'officier compétent, à la mairie, en présence des témoins (art. 75); mais les publications sont de simples formes préliminaires n'ayant d'autre objet que de provoquer les oppositions, d'inviter les tiers à faire connaître les empêchements dirimants, ignorés de l'officier de l'état civil, qui pourraient vicier le mariage projeté ; si donc ces publications ont été omises, mais qu'il n'existe en fait aucun empêchement, la validité du mariage ne peut être contestée. Quant aux « actes respectueux », c'est là un simple devoir de déférence que la loi impose à des parties majeures et *capables;* ou, en d'autres termes, c'est une publication particulière, revêtue d'une forme plus solennelle, et adressée nominativement aux personnes à qui les contractants doivent le respect; l'empêchement ne peut donc être que prohibitif. Est-il admissible que ces deux formalités changent absolument de caractère quand le mariage est célébré à l'étranger et se transforment *ipso facto* en empêchements dirimants? Cette opinion a en effet été soutenue, et la jurisprudence s'y était d'abord ralliée (1) pour les motifs suivants :

1er Argument : Le texte de l'article 170 assimile formellement à la violation d'une règle de capacité l'omission d'une des deux formes précitées : « Le mariage sera valable, *pourvu* qu'il ait été précédé des publications... et que le Français n'ait point contrevenu aux dispositions du chapitre Ier ». Conséquence : le défaut de publications, comme le défaut de capacité, emporte nullité. — 2e Argument de raison : Quand le mariage a lieu en France,

(1) Cpls. en ce sens Cassat., 9 mars 1831, S. 31. 1. 141 ; — 6 mars 1837, S. 37. 1. 177. — 17 août 1841, S. 41. 1. 682. Voir aussi jugement trib. Seine, 15 février 1861 (aff. Patterson), S. 62. 2. 71, contraire à la jurisprudence alors admise.

les publications ne sont qu'un des éléments de la publicité légale et non le plus important; au contraire, quand il a lieu à l'étranger, elles constituent à elles seules *toute la publicité* du mariage, au point de vue français; or le mariage clandestin est nul. La nullité doit aussi sanctionner l'omission des actes respectueux, qui constituent une publication individuelle, *sui generis*. — 3e Argument : Quand le mariage est célébré en France, la crainte de l'amende et de la prison obligera l'officier de l'état civil à respecter la loi ; mais les lois pénales françaises n'atteignant pas les officiers publics étrangers, une sanction spéciale s'impose quand le mariage a lieu en pays étranger.

2e Système (*jurisprudence actuelle*). — Mais ce système rigoureux, qui frappait toute contravention à la loi sans tenir compte de la bonne foi des époux, est aujourd'hui à peu près abandonné. Voici quelle est, en résumé, la théorie actuelle de la jurisprudence et de la majorité de la doctrine : « L'article 170 n'annule pas de plein droit les mariages contractés à l'étranger sans publications préalables en France; mais les tribunaux ont un pouvoir *discrétionnaire* pour apprécier si les parties, par cette omission, ont voulu ou non *frauder* la loi française : le tribunal qui, d'après l'examen de la cause constate l'intention frauduleuse, *peut* annuler le mariage pour fraude à la loi. » — Tel est le système mixte aujourd'hui en faveur (1); le mariage en lui-même n'est ni valable ni nul,

(1) C'est exactement le système suivi par la jurisprudence des Pays-Bas, pour l'interprétation de l'article 138 du Code néerlandais, qui est la reproduction presque textuelle de notre article 170. (V. en ce sens arrêt de la Cour de cassation des Pays-Bas, relaté dans une consultation de M. Asser, rédigée à l'occasion d'un procès devant le tribunal correctionnel de la Seine : Jal *Clunet*, 82, p. 64.)

tout dépend d'un élément *intentionnel* que le juge, dans chaque espèce, a pour mission de dégager.

3e Système. — Il faut convenir que cette doctrine est empreinte d'un vague qui en révèle facilement l'origine : elle est de création jurisprudentielle, mais n'a aucune base dans la loi. Nous admettons avec la Cour de cassation que l'article 170 n'édicte pas de nullité spéciale, mais de ce fait nous croyons devoir conclure, non pas au pouvoir arbitraire du juge, mais à l'*impossibilité* d'annuler le mariage de ce chef. La question ayant une grande importance pratique, attestée par le nombre des arrêts sur la matière, nous devons lui donner quelque développement : reprenant les arguments invoqués contre le premier système (nullité de plein droit), nous essayerons de démontrer qu'ils conduisent tous au système de la validité absolue.

1°. — L'article 170 ne prononce pas expressément la nullité : or les nullités sont de droit étroit, surtout en matière de mariage, et avant de créer un cas de nullité qui ne résulte pas formellement d'un texte, il convient de rechercher tout d'abord si ce texte ne comporte pas une autre interprétation. Tel est le cas pour l'article 170 ; il ne prononce pas la nullité, qu'est-ce à dire, sinon qu'il renvoie purement et simplement aux sanctions ordinaires ? — Pour les infractions aux règles de capacité du chapitre Ier, nullités du chapitre IV ; — pour l'omission des publications ou actes respectueux, application de l'article 192, *mutatis mutandis* : on ne pourra pas sans doute infliger d'amende à un officier public étranger, mais on pourra au contraire infliger aux parties contractantes l'amende arbitraire, proportionnée à leur fortune, édictée par le même article ; à condition toutefois que la loi du pays où elles se sont mariées prescrive aux étrangers comme aux régnicoles, sous une sanction pénale, des publications au lieu du domicile (1).

2°. — Comment établit-on la nullité ? Par un argument à contrario. Mais les arguments de ce genre n'ont de valeur que s'ils ramènent au droit commun. Or, en l'espèce, le droit commun, c'est la règle *Locus regit actum* inscrite en tête de l'article ; d'où cette conclusion logique, qu'il n'y a d'autres nullités de forme que celles reconnues par la loi étrangère. L'argument en question conduit du reste à des conséquences inadmissibles, comme l'annulation du mariage pour le seul défaut d'actes respectueux : les termes mêmes de la loi : « requérir le conseil », indiquent qu'il s'agit d'une simple démarche de déférence, non d'un élément de validité. Il ne faut pas oublier en effet que c'est à des majeurs, jouissant d'une pleine capacité, que la loi impose cette formalité : ou l'expression de « capacité » n'a plus de sens, ou le mariage d'un individu capable ne peut être annulé pour avoir omis de requérir l'assentiment d'un ascendant ; sinon on arriverait à cette anomalie d'un mariage nul pour avoir été contracté sans que l'ascendant eût été mis en demeure de se prononcer, tandis que l'union, contractée après refus authentiquement constaté du même ascendant, serait valable ! Il est vrai que presque toujours l'omission des publications et le défaut d'actes respectueux iront de pair :

(1) L'article 5, § 2, C. Instr. Crim., n'autorise, en effet, la poursuite en France des Français qui auraient commis un délit à l'étranger, que « si le fait est puni par la législation du pays où il a été commis. » Il n'est pas nécessaire, du reste, que la peine soit la même.

l'enfant majeur omet de publier son mariage en France, parce qu'il prévoit le refus de sa famille, refus qui retarderait son mariage en l'obligeant à des actes respectueux échelonnés de mois en mois; ou parce qu'il craint que les publications ne provoquent des oppositions bien ou mal fondées, mais en tout cas nécessitant des procès en mainlevée, et par suite des frais et des retards. Nous ne contestons pas ce fait ; mais qu'en résulte-t-il ? Où est l'article qui fait du cumul de plusieurs empêchements prohibitifs un empêchement dirimant ?

Pour tous ces motifs, nous concluons que le défaut de publication ou d'actes respectueux n'est point une cause de nullité spéciale, et que l'arrêt qui s'appuierait uniquement sur l'article 170 pour annuler un mariage serait sujet à cassation. — Mais ne faut-il pas du moins autoriser les tribunaux, en ce cas, à annuler le mariage s'ils reconnaissent qu'en fait, les parties ont agi en *fraude* de la loi française ? Telle est en effet, ainsi que nous l'avons dit plus haut, l'opinion générale. La formule par laquelle on l'exprime parfois, « la règle *Locus regit actum* ne couvre que les actes faits de bonne foi », ne me semble pas traduire exactement la doctrine des cours. Aux termes de cette formule, en effet, le juge qui constaterait la mauvaise foi des époux serait *tenu* d'annuler le mariage, ce mariage ayant été célébré par un officier étranger, absolument incompétent si la *lex loci* cesse d'être applicable ; à plus forte raison devrait-on l'annuler s'il avait été contracté aux États-Unis, *solo consensu*, la solennité étant de l'essence du mariage français. La jurisprudence est loin de poser une règle aussi inflexible ; elle considère seulement le mariage célébré entre Français hors de France sans les publications légales, comme entaché d'« une *certaine clandestinité* », qui à elle seule n'est pas une cause de nullité, mais peut le devenir si le juge du fait estime que les parties ont sciemment et de mauvaise foi contrevenu à la loi. — On a invoqué en ce sens un premier argument qui doit tout d'abord être écarté : l'article 170, a-t-on dit, ne prononce pas la nullité, donc les tribunaux peuvent valider le mariage non précédé de publication; mais il n'en prononce pas non plus la validité, donc les tribunaux peuvent l'annuler. Ainsi présentée, la théorie est injustifiable; mais on peut faire ressortir des arrêts une théorie moins arbitraire, et plus juridique au moins en apparence : « C'est la *clandestinité*, cause de nullité expressément prévue au chapitre IV (où figurent toutes les causes de nullité de mariage) qui constitue le moyen de nullité applicable, les publications étant un élément de publicité dans l'hypothèse de notre article. Or, dit-on, les articles 191 et 193 combinés autorisent formellement les tribunaux à apprécier si la violation des formes de publicité est assez grave pour motiver une annulation : l'article 193 décide en effet que l'amende est encourue par l'officier, « alors même que les contraventions aux règles prescrites par l'article 165 (compétence et publicité) ne seraient pas *jugées suffisantes* pour faire prononcer la nullité du mariage. » La jurisprudence se contente d'étendre cet article aux mariages célébrés à l'étranger ; elle s'écarte du premier système en refusant d'admettre que les publications constituent à elles seules toute la publicité des mariages contractés, mais elle y voit du moins un des éléments de la publicité légale, d'où nullité éventuelle ; seulement, c'est ce qui fait l'originalité du système, elle attribue à l'absence de cet élément, toujours identique à lui-même, une gravité variable suivant les circonstances ; tandis que l'article 193 n'a eu d'autre objet que de laisser aux tribunaux la liberté d'apprécier dans chaque cause si les formalités omises sont ou non assez importantes pour motiver un jugement de nullité, la jurisprudence sur l'article 170 substitue à cet élément d'appréciation réel, objectif : « des formes essentielles ont-elles été omises ? » un élément personnel, subjectif : « les parties ont-elles eu ou non l'intention de frauder la loi (1) ? » Cette création d'une action en nullité détournée de son but primitif, d'une action *utile* pour employer le langage du droit romain, a même conduit la jurisprudence à édicter certaines fins de non-recevoir contre l'action, que l'article 193 ne comporte certainement pas, mais qui ont paru découler du caractère spécial de cette « clandestinité frauduleuse ». Quant aux personnes qui peuvent invoquer la nullité, il semble bien que l'on doive assimiler le mariage clandestin ordinaire au mariage fait en fraude de l'article 170 : la nullité doit être absolue, c'est-à-dire qu'elle peut être invoquée non seulement par les ascendants dont l'autorité a été méconnue, mais encore par tous ceux qui y ont un *intérêt né et actuel*, comme des collatéraux voulant écarter de la succession d'un des conjoints un enfant issu du mariage (art. 187) ; enfin par le ministère public du vivant même des deux époux, car l'intérêt public exige l'annulation des mariages contractés en fraude de la loi (arg. art. 190 et 191). Bien que cette solution

(1) Pour l'étude du système de la jurisprudence, consulter les arrêts suivants : Cass., 14 juin 1845, S. 45. 1. 726. — Cass., 9 nov. 1846, S. 47. 1. 55 ; — 19 fév. 1866, S. 66. 1. 206 ; — 8 mars 1875, S. 75. 1. 171. — Cass., confirmant arrêt C. de Lyon, 14 déc. 1880, S. 81. 1. 349. — Trib. Seine (aff. Clermont-Tonnerre contre Musurus-Bey), 7 juillet 1881, Jal *Clunet*, 82, p. 308. — Cour de Lyon, 24 fév. et 29 déc. 81, Jal *Clunet*, pp. 518 et 534, etc...

soit la seule logique, nombre d'arrêts, ont, par faveur pour le mariage, repoussé l'action des collatéraux (1).

Quant aux conséquences du jugement de nullité, il a été jugé que la mauvaise foi des Français qui vont à l'étranger pour s'y marier en fraude, fait obstacle à l'application des règles du mariage putatif (2).

Passons aux fins de non-recevoir généralement admises en pratique. Mais auparavant, remarquons que la *bonne foi* n'est pas une simple fin de non-recevoir, une simple exception permettant de paralyser une action fondée en droit; elle constitue au contraire un moyen de défense au fond, car la mauvaise foi des parties est de l'essence de l'action. C'est ainsi que la Cour de cassation a validé l'union contractée dans un lieu où se trouvaient présents les ascendants, les parties n'ayant pas en ce cas songé à leur dissimuler le mariage (Cass., S. 66. 1. 442); que la Cour de Bordeaux a validé un mariage *in extremis* non précédé de publication, attendu

(1) Voir en ce sens un arrêt de la Cour de Paris du 25 juil. 1881, Jal *Clun.*, 82, p. 551). — La Cour, dans ses considérants, paraît du reste s'écarter de la doctrine la plus générale; elle exclut les collatéraux parce que, d'après elle, le mariage non précédé de publication, ne tombe pas sous le coup de l'article 191, mais de l'article 170 seulement : elle refuse de voir dans le défaut de publication un fait de clandestinité, mais bien une nullité *sui generis*, basée uniquement sur la *fraude à la loi*. Pourquoi, s'il en est ainsi, exclure les collatéraux? La fraude peut-elle donc avoir un caractère relatif? Ce sont là des arguments auxquels l'arrêt de la Cour de Paris ne me paraît pas avoir répondu.

(2) V. jugement trib. Seine, Jal *Clun.*, 77, p. 43. Si le Français épouse un sujet étranger, et qu'il ait omis sciemment de procéder aux publications, l'étranger de bonne foi pourra invoquer le bénéfice du mariage putatif. Mais il est probable qu'en fait les tribunaux n'annuleraient pas un mariage contracté dans ces conditions.

que le temps avait manqué pour satisfaire à la loi (14 janvier 1852, S. 52. 2. 300), etc. — Quant aux véritables fins de non-recevoir, si l'on considérait vraiment la nullité comme une nullité absolue et d'ordre public (tel est le caractère de la nullité pour clandestinité effective), il faudrait décider qu'aucune n'est admissible, et en particulier repousser toute idée de confirmation ou de prescription. En effet, une confirmation ou renonciation à l'action en nullité n'est possible qu'à l'égard d'une action d'intérêt privé; il en est de même pour la prescription, les nullités d'ordre public ne se couvrant par aucun laps de temps. Sur l'article 170, la jurisprudence s'écarte absolument de ce point de vue. Tout d'abord, elle paraît voir dans la *possession d'état* une véritable exception de nature à faire échouer le demandeur en nullité (1). Il est vrai, que pour appuyer cette solution, on a invoqué l'article 196: « Lorsqu'il y a possession d'état et que l'acte de célébration du mariage est représenté, les époux sont respectivement non recevables à demander la nullité de cet acte. » Mais le sens de cet article est des plus douteux : s'agit-il de la célébration du mariage, dont les vices, par exemple le défaut de publicité, seraient couverts par la possession d'état, ou seulement de l'irrégularité de l'acte écrit dressé par l'officier pour faire preuve du mariage? La question est encore débattue ; et même en admettant la première interprétation, comme la possession d'état ne fait obstacle, d'après le texte, qu'à l'action en nullité exercée par un époux contre l'autre, et non pas aux actions appartenant aux tiers, l'article 196 demeure inapplicable à l'hypothèse que nous envisa-

(1) Arrêt Cass., 25 fév. 1849, Dev. 39. 1. 187. — Rennes, 27 août 1879, S. 81. 2. 129.

geons. M. Mourlon voit, il est vrai, dans la possession d'état une fin de non-recevoir *absolue* contre l'action en nullité pour vice de forme, « attendu que l'interprétation littérale de l'article aurait ce résultat fâcheux, que les époux, tout en étant privés du droit de demander réciproquement la nullité, resteraient perpétuellement menacés de voir leur union annulée à la requête des tiers. » Mais cet argument d'équité n'est pas un argument juridique. M. Demolombe (1), tout en reconnaissant que l'article 196 n'a trait qu'aux relations des époux, érige cependant la possession d'état en fin de non-recevoir *absolue* pour le cas spécial de l'article 170, et il appuie cette assertion sur l'article 193, qui donnerait aux magistrats un pouvoir discrétionnaire. Mais n'est-ce pas faire produire à cet article un effet excessif, que d'attribuer aux tribunaux le droit de créer contre l'action en nullité une fin de non-recevoir qu'aucun texte n'édicte? Et surtout n'est-il pas contradictoire de reconnaître à la possession d'état le pouvoir de valider *erga omnes* le mariage entaché de clandestinité s'il est célébré à l'étranger, et de lui dénier ce pouvoir s'il est célébré en France, alors cependant que l'on fonde dans les deux cas l'action en nullité sur les mêmes articles? — Il est une fin de non-recevoir plus difficile à expliquer encore, c'est celle qu'on attache à l'approbation ultérieure des ascendants (2). La clandestinité étant une cause de nullité absolue et d'ordre public, comment concevoir que les ascendants puissent disposer à leur gré de l'action, comme si elle n'appartenait qu'à eux seuls? Si

(1) Demolombe, *Code civil*, III, p. 330.

(2) V. Cass., 14 juin 1845, précité. — Caen, 22 mai 1850, S. 52. 2. 566.

ce droit de ratification leur appartient à l'égard du mariage contracté sans leur autorisation par un enfant mineur, c'est que la nullité fondée sur l'incapacité est une nullité relative, ouverte seulement au profit de l'ascendant ou de l'époux incapable. La vérité est qu'au fond on a entendu créer une nullité d'une nature spéciale : on l'a dissimulée sous le nom d'une nullité consacrée par un texte, mais c'est bien une nullité à part, une sorte de « clandestinité au regard de la famille ». S'il en est ainsi, le premier système, qui sanctionne nettement l'article 170 par une nullité spéciale, est plus logique. Qu'estce en effet que cette bonne foi qu'on fait entrer en ligne de compte? Si les publications sont vraiment un élément de la publicité des mariages célébrés à l'étranger, la bonne foi des parties n'empêche pas que la loi ait été violée ; de droit commun, la bonne foi ne peut empêcher l'annulation d'un mariage irrégulier, elle n'a d'autre conséquence que de faire produire au mariage annulé, dans l'intérêt de l'époux de bonne foi et des enfants, tous les effets d'un mariage valable jusqu'au jour où la nullité est judiciairement constatée. En un mot, la *bonne foi* fait obstacle à la *rétroactivité* du jugement de nullité, mais non pas à ce jugement lui-même ; tel est le principe, et il faudrait un texte pour y déroger. Si le point de départ du premier système était vrai, ce sont donc ses conclusions que nous adopterions, de préférence, mais nous avons démontré qu'il est faux, et que publications et publicité sont deux choses distinctes. Nous revenons donc au troisième système : le défaut de publications n'est en aucun cas une cause de nullité. Objectera-t-on que ce système favorise la fraude? Mais quelle est donc cette fraude que l'on redoute? La violation d'une règle de capacité? En ce cas le mariage est nul *ipso facto* aux yeux de la loi française, par application des principes du statut personnel, sans qu'il y ait lieu de faire intervenir une nullité pour vice de forme. Les Français se mariant à l'étranger ont-ils au contraire respecté toutes les conditions de capacité prescrites par leur loi personnelle: de quel droit annulerait-on leur mariage? Celui-ci, par hypothèse, a été célébré publiquement à l'étranger, il est valable par conséquent en pays étranger; les publications, sans doute, n'ont pas eu lieu en France, mais puisqu'elles n'ont d'autre but que de faire surgir les oppositions et connaître par ce moyen les empêchements dirimants pouvant faire obstacle au mariage, et qu'en l'espèce il n'existe aucun empêchement de ce genre, il n'y a pas là matière à nullité (1). En résumé, l'article 170, en exigeant des publications en France, édicte une simple disposition réglementaire, qu'il est possible de sanctionner en infligeant aux parties convaincues de dol l'amende proportionnelle à leur fortune édictée par l'article 192, dans les cas du moins où la loi autorise les poursuites. (V. ci-dessus.) Il serait sans doute désirable que les États convinssent, par traités, de n'autoriser en principe les étrangers à contracter mariage sur leurs territoires respectifs qu'à condition de justifier qu'ils ont satisfait à toutes les conditions, même de pure forme, imposées par leur loi nationale; le défaut de publications dans le pays d'origine deviendrait ainsi, en quelque sorte, un empêchement *prohibitif international*. Mais en attendant une réglementation par voie diploma-

(1) On peut citer en ce sens quelques arrêts, en petit nombre : C. Paris, 8 juillet 1820, S. 20. 2. 307. — Nancy, 30 mai 1826, S. 26. 2. 251. — Cass., 12 fév. 1833, S. 53. 1. 195, et enfin Cass. req. (*contrà*, Ch. civile), 30 nov. 1866, S. 66. 1. 442.

tique, l'insuffisance de la sanction légale ne justifie pas la sanction arbitraire que l'on attache généralement à l'article 170; les nullités ne se suppléent pas.

Le système que nous défendons a été formellement consacré par le Code italien, qui, par une meilleure rédaction, a su éviter les équivoques où sont tombés les rédacteurs de l'article 170. L'article 100 de ce Code fait très nettement la distinction entre les conditions de fond ou de capacité, requises à peine de nullité, et les publications, qui constituent une formalité purement réglementaire, sans influence sur la validité de l'union contractée dans les formes de la loi étrangère.

2° Exception. — Transcription de l'article 171

Une deuxième exception à la règle *Locus regit actum* semble résulter de l'article 171 C. C., aux termes duquel « l'acte de célébration du mariage contracté en pays étranger doit être, dans les trois mois après le retour du Français sur le territoire, *transcrit* sur le registre public des mariages du lieu de son domicile. » Nous devons rechercher quelle est la portée d'application de cet article, et quelle en est la sanction. L'article 171 ne vise que les mariages contractés par des Français à l'étranger dans les formes étrangères : en effet il est le complément de l'article 170, écrit pour cette seule hypothèse ; s'il s'agit d'un mariage célébré à l'étranger devant un consul français, ce n'est point aux parties, mais au consul lui-même qu'incombe le soin de faire parvenir en France la preuve écrite du mariage (1). Quant au délai pendant lequel la transcription

(1) Les circulaires du ministre des Affaires étrangères du

peut être faite, la jurisprudence admet que le terme de trois mois n'est pas un délai fatal (1) : toutefois, passé ce temps, elle ne peut avoir lieu qu'en vertu d'un jugement analogue à un jugement de ratification. (Avis Conseil d'État de l'an XI. Décis. min. Just., 7 mai 1822.) Si le Français de retour en France choisit un autre domicile que celui qu'il avait au départ, il devrait, aux termes de la décision ministérielle de 1832, opérer la transcription dans les deux communes. Nous croyons cependant que la transcription au lieu du domicile actuel est suffisante.

Quelle est la sanction du défaut de transcription? La réponse à cette question dépend du but que l'on assigne à l'article 171. La transcription a-t-elle vraiment pour but de porter le mariage à la connaissance des tiers, comme on l'a soutenu? Non, sans aucun doute : la publicité du mariage résulte essentiellement, nous l'avons démontré, des formes prescrites par la *lex loci contractus;* les publications se rattachent aussi, d'après la jurisprudence, à la publicité : mais peut-on voir dans la transcription une publicité *ex post facto*, dont l'omission ouvrirait aux tiers certains droits ? Nous ne le croyons pas. Toute mesure de publicité a pour caractère essentiel d'être préalable ou au moins concomitante au fait qu'elle a pour but de faire connaître : or, en l'espèce, la transcrip-

8 août 1814, l'ordonnance du 23 octobre 1833, article 2, ordonnent aux consuls d'envoyer en France à la fin de chaque année, l'un des doubles registres sur lesquels sont inscrits les actes reçus par eux : ces actes sont alors transcrits en France sur les registres de la commune du domicile d'origine des personnes dont l'état est en cause.

(1) Cass., 16 juin 1829, S. 29. 1. 261.

tion de l'article 171 sera peut-être postérieure au mariage de plusieurs années! le délai de trois mois ne court pas en effet du jour du mariage, mais du retour du Français en France. Cependant son mariage a pu, alors qu'il résidait encore à l'étranger, produire des effets importants. Exemple : un ordre s'est ouvert sur un immeuble du mari, sis en France, et la femme a fait valoir son hypothèque légale ; si elle a pu valablement se comporter ainsi tant qu'elle résidait à l'étranger, comment admettre qu'elle soit dépouillée de ses droits trois mois après son retour en France? Il serait étrange que le même acte fût présumé *connu* des tiers pendant un certain temps, puis qu'il devînt clandestin à leur égard, précisément à l'époque où le retour des époux en France fait connaître le mariage à ceux qui, en fait, pourraient l'avoir ignoré jusque-là. Au surplus, le système que nous combattons est condamné par les travaux préparatoires. Le projet de l'an VIII imposait au Français dans les trois mois de son retour en France, une double obligation : 1° l'enregistrement de l'acte de mariage reçu à l'étranger dans le délai précédent, sous peine d'un double droit ; 2° la transcription du même acte, dans le même délai, sous peine d'une amende variant, selon la fortune des époux, entre 100 et 1000 francs, le mariage demeurant du reste pleinement valable. (Fenet, VIII, p. 41.) L'obligation de l'enregistrement, qu'on pouvait à la rigueur considérer comme une mesure de publicité, fut supprimée : c'eût été une publicité trop tardive pour être efficace. L'autre obligation fut maintenue, mais, par un singulier oubli, le Conseil d'État omit, dans la rédaction définitive, de reproduire la fin de l'article, contenant la sanction. Conclusion nécessaire : l'article 171 n'a aucune sanction légale. Ni les amendes, ni les nullités ne se présument; et du reste on ne conçoit même pas une nullité affectant après coup un acte valable *ab initio*. C'est toujours à l'époque de la célébration que la validité d'un mariage s'apprécie: les événements ultérieurs peuvent bien avoir pour conséquence de valider un mariage annulable, mais jamais d'annuler un mariage valable. Notre solution est d'autant moins contestable que le but de l'article n'a pas été de porter le mariage à la connaissance des tiers, mais bien d'imposer aux parties, dan-leur intérêt, une formalité destinée à faciliteer en France la *preuve* de leur union. Il en est du désfaut de transcription comme de l'absence d'un acte de mariage inscrit sur les registres de l'état civil; le mariage non inscrit ou non transcrit n'en est pas moins valable, il est seulement plus difficile à prouver; encore le défaut de transcription est-il moins grave que le défaut d'inscription sur les registres, car les parties ont le plus souvent la ressource de demander à l'officier de l'état civil étranger une expédition de l'acte qui a dû être dressé par lui. Cest l'officier de l'état civil qui est responsable du défaut d'inscription sur les registres, civilement et pénalement; ce sont les parties elles-mêmes qui sont responsables du défaut de transcription, mais aucune loi ne sanctionne cette responsabilité, et les interprètes n'ont pas qualité pour combler cette lacune (1). Nous repoussons donc tout système tendant à donner à l'article 171 une sanction quelconque ; non seulement le système absolu, aujourd'hui abandonné, d'après lequel le mariage non transcrit serait nul au regard des tiers, mais aussi les

(1) Le Code civil italien ne mérite pas le même reproche que le Code français. L'article 101 de ce Code, reproduisant le principe de notre article 171, exige la transcription « sous peine d'une amende qui pourra être portée jusqu'à 100 francs. »

systèmes mixtes. C'est ainsi que la Cour de cassation s'était ralliée, dans un arrêt du 6 janvier 1824 (Dalloz, *Jurisp. gén : Priv. et Hyp.*, n° 865), à un système qui classe les effets du mariage en deux catégories, les uns résultant du mariage *in se* (empêchement à un deuxième mariage, légitimité des enfants, droits successoraux), les autres produits par la publicité et comme tels subordonnés à la transcription (incapacité de la femme mariée, hypothèque légale). Mais cette jurisprudence est aujourd'hui abandonnée. Enfin un troisième système, basé sur l'article 1382, distingue suivant que le défaut de transcription a ou non causé un dommage aux tiers ; il y aurait dommage, par exemple, si une femme mariée en pays étranger avait omis de faire inscrire son hypothèque légale, et les tiers auraient de ce chef droit à des dommages-intérêts, consistant dans la faculté de méconnaître l'hypothèque de la femme. Ce système est encore moins admissible que les précédents : si la transcription n'est pas un mode de publicité, les tiers ne devraient en aucun cas être autorisés à invoquer l'omission de cette forme. On invoque l'article 1382, mais il suppose au moins une faute imputable à la personne dont on exige des dommages-intérêts ; or en l'espèce la femme étant en puissance de mari n'est pas coupable d'avoir omis de transcrire (1), elle ne doit donc pas souffrir de la négligence du mari : les tiers ne peuvent pas plus

(1) Il y a un obstacle absolu à l'application des divers systèmes que nous combattons, au cas où les parties ont contracté mariage dans un pays qui admet le mariage consensuel. Comment les parties pourraient-elles se voir opposer le défaut de transcription, puisqu'il n'y avait pas de registres de mariages au lieu où elles ont contracté, par conséquent pas d'acte susceptible d'être transcrit en France.

lui opposer le défaut de transcription du mariage que le défaut d'inscription de son hypothèque légale. Il ne faudrait faire exception à ce principe que pour le cas où les époux se seraient frauduleusement concertés pour dissimuler le mariage, pour le tenir *secret;* les tiers en ce cas seront bien fondés à repousser, au nom de l'article 1382, l'action hypothécaire de la femme, ou la demande en nullité d'un contrat passé par elle sans autorisation maritale. Mais ce n'est pas là une exception spéciale aux mariages contractés à l'étranger, car on peut tenir *secret* même un mariage célébré en France; la restriction accordée aux effets du mariage secret, dans l'intérêt des tiers, ne se rattache donc nullement à l'article 171, et il reste vrai de dire que la disposition réglementaire de cet article n'a aucune sanction légale.

SECTION II

Mariage des étrangers en France

On s'accorde à soumettre ces mariages, par analogie de l'article 170, à la règle *Locus regit actum*. Célébrés en France, ils sont soumis, quant aux formes (1), à la loi

(1) Outre les formes de la célébration requises à peine de nullité, il y a certaines formalités préalables que les étrangers, comme les Français, doivent remplir avant de se présenter devant l'officier de l'état civil. Ils doivent produire certaines pièces, notamment leur acte de naissance; pour en garantir l'authenticité, ils devront le faire légaliser par le consul de France dans leur pays. Un acte de notoriété, dressé dans les formes de l'article 70, peut d'ailleurs suppléer à l'acte de naissance. — De plus, les étrangers sont assujettis

française. On peut citer cependant en sens contraire deux lettres du ministre de la Justice du 16 mai 1810 et du 13 octobre 1815, autorisant les parties (un Allemand et une Française dans les deux cas) à faire célébrer leur union par un pasteur protestant, *selon leur loi personnelle*. Mais ces lettres contenaient deux graves erreurs : 1° le statut personnel régit l'état et la capacité des personnes, mais non les formes extrinsèques des actes; 2° en l'espèce il y avait deux statuts personnels, celui du mari et celui de la femme, et le mariage ayant lieu en France, il était logique d'appliquer le statut de la femme. La solution du ministre ne s'expliquerait qu'en considérant avec Savigny la loi du domicile du mari comme la loi du mariage, et la règle *Locus regit actum* comme facultative ; mais ce système peu rationnel est de plus contraire à l'esprit de la loi française. Aussi la jurisprudence a-t-elle rejeté l'interprétation ministérielle; les mariages célébrés avec l'autorisation du ministre furent annulés par jugements du tribunal de la Seine, confirmés par la Cour de Paris (Dalloz, Répertoire, v° *Mariage*, n° 195, 1°). C'est qu'en effet, ainsi que nous 'avons démontré plus haut, la souveraineté française ne peut tolérer que des individus sans mandat exercent,

aux mêmes publications que les Français ; si le lieu où ces publications doivent être faites d'après le Code se trouve en pays étranger, elles auront lieu dans les formes étrangères, et un certificat des autorités locales constatant leur accomplissement devra être remis à l'officier de l'état civil. (Circ. min. Just. 14 mars 1831, S. 36, 2, 342.) Enfin certains États exigent de l'étranger qui veut contracter mariage sur leur territoire un certificat des autorités de son pays constatant sa capacité. Il y a là une sorte d'empêchement prohibitif spécial aux étrangers, que nous étudierons à propos des conditions de capacité.

sur son territoire, une fonction exclusivement réservée aux officiers de l'état civil. En ce sens, Réal avait raison de répondre au premier Consul, qui réclamait un texte réglant la forme des mariages des étrangers en France, « qu'un article déjà adopté soumettait les étrangers aux lois françaises ». Cet article, c'est l'article 3, 1er alinéa, aux termes duquel les lois de police obligent tous ceux qui habitent le territoire. Il eût peut-être été préférable d'adopter une rédaction susceptible de lever toute controverse (exemple, l'article 163 Code italien), cependant nous ne croyons pas qu'un doute sérieux soit possible : la solennisation par l'officier de l'état civil est de l'essence de tout mariage contracté en France; les articles 74 et 75 sont des lois d'ordre public au premier chef. La Révolution, en effet, en inscrivant dans la constitution de 1791 le principe du mariage civil, en a fait une règle de droit public, que le Code civil a consacrée, et que nos lois pénales sanctionnent en frappant d'une peine correctionnelle le prêtre qui célébrerait le mariage religieux de personnes non encore mariées civilement. Cette peine est encourue quelle que soit la nationalité des parties, l'article 199 du Code pénal ne comporte aucune distinction : un mariage célébré devant un prêtre seulement n'existe pas aux yeux de la loi française en tant que mariage, il n'existe que comme délit correctionnel. De même serait inexistant le mariage consensuel, en France, de deux Américains; la loi française en effet considère comme une garantie de bon ordre et de moralité publique la *solennité* du mariage.

SECTION III

De la preuve du mariage, et des nullités de forme (1)

1° — PREUVES DU MARIAGE

En droit français, le mariage se prouve : régulièrement, par l'acte inscrit sur les registres de l'état civil (art. 194) ; exceptionnellement, par témoins (art. 46), ou par le résultat d'une procédure criminelle ; en aucun cas, par la possession d'état d'époux, si ce n'est dans l'hypothèse de l'article 196, sauf controverse, et au profit des enfants dans le cas de l'article 197. Ce droit rigoureux est-il applicable toutes les fois que l'existence d'un mariage est en cause devant un tribunal français? Non, il convient d'appliquer ici la règle *Locus regit actum.* Il serait contradictoire en effet d'autoriser les Français à contracter à l'étranger dans les formes locales, et d'exiger d'eux la preuve de ces actes conformément à la loi française : ils n'ont pu se procurer d'autres preuves que celles organisées par la *lex loci;* la justice française n'en peut réclamer d'autres. C'est là un principe admis en jurisprudence depuis l'ancien droit : Boullenois distinguait

(1) Dans le but de faciliter la preuve des mariages, naissances ou décès des Français résidant à l'étranger, le gouvernement français a conclu avec plusieurs États voisins des conventions assurant la communication réciproque des actes reçus par les officiers de l'état civil, et intéressant les sujets de l'État contractant. Traité avec le Luxembourg, du 14 juin 1874, Sirey, *Lois ann.*, 7e série, p. 708. — Avec l'Italie : 13 janv. 75, S. 7e série. p. 658. — Belgique, S. 8e série. p. 167. — Monaco, *Journal Clunet*, 81. p. 576.

avec raison, dans le statut des preuves, deux séries de formes : les formes *ordinatoires*, qui, ayant trait à l'organisation des juridictions, la compétence, l'ordre, d'admission des preuves, sont de droit public, et comme telles obligatoires pour tous ; et les formes *décisoires*, ou modes de preuve sur lesquels le juge forme sa conviction, qui dépendent de la *lex loci contractus*, à moins qu'il ne s'agisse de preuves contraires à l'ordre public. — Ces principes régissent le mariage comme les autres actes ; l'article 47 du Code civil le décide formellement. En conséquence, de même qu'un acte de mariage reçu en France ne fait foi qu'à condition d'être rédigé selon la loi française, de même, l'acte de mariage reçu par un officier de l'état civil étranger (officier civil ou ministre d'un culte, suivant les Etats) ne fait foi en France que s'il est conforme à la *lex loci matrimonii ;* c'est aussi cette loi qui détermine sa force probante. L'acte transcrit en France conformément à l'article 171 n'aura de valeur que par sa conformité avec l'original.

Si aucun acte n'a été dressé, parce que la loi locale n'organise pas de preuve authentique ou du moins admet concurremment d'autres modes réguliers de preuve (preuve testimoniale, possession d'état), c'est la loi locale et non la loi française qui devra être suivie. En effet, puisque le mariage consensuel contracté par des Français à New-York est valable en France, il faut qu'ils puissent le prouver comme ils le prouveraient à New-York, par la possession d'état. La jurisprudence est aujourd'hui fixée en ce sens. Plusieurs arrêts rendus à propos de mariages contractés en Amérique par simple échange des consentements, ont formellement admis la preuve tirée de la possession d'état, comme étant celle reçue par la *lex loci contractus* (1). Nous croyons même que cette dernière loi est seule compétente pour déterminer les éléments constitutifs de la possession d'état (on sait combien la jurisprudence des États-Unis est large à cet égard), bien que nos tribunaux semblent dans leurs considérants se référer sur ce point à la loi française. L'application de la *lex loci* est d'ailleurs obligatoire : régissant impérativement les formes du mariage, elle doit aussi en réglementer les preuves ; aussi ne pourrait-on admettre deux Américains à invoquer leur loi personnelle pour démontrer par la possession d'état un mariage par eux contracté en Belgique ou en France, le Code civil prohibant cette preuve.

2°. — NULLITÉS DE FORME

Puisque la loi étrangère détermine les formes du mariage, elle est aussi compétente pour déterminer quelles sont les nullités pour vice de forme. Seule en effet la loi qui édicte une formalité doit pouvoir en apprécier la gravité, en indiquer la sanction : les formes du mariage en particulier constituent en quelque sorte un organisme juridique complexe, dont toutes les parties ont leur fonction propre, et leur importance relative dans l'ensemble ; il serait donc illogique de consulter la loi française, par exemple, sur la gravité de telle formalité requise aussi par la loi anglaise, mais dans une pensée différente. Notre solution est généralement admise s'il s'agit d'un statut étranger favorable au mariage : c'est ainsi que, la loi

(1) Cass., 20 déc. 1841, S. 42. 1. 321 ; — Cass , 13 janv. 1857, S. 57. 1. 81. (Success. de la duchesse de Plaisance; mariage contracté en Pensylvanie prouvé par la possession d'état.) — Paris, 20 janvier 1873, S. 73. 2. 177.

fédérale allemande de 1875 (art. 42) ne faisant pas de 'incompétence *ratione loci* de l'officier une cause de nullité, un tribunal français ne pourrait annuler un mariage contracté par des Français en Allemagne devant un officier incompétent, en se fondant sur l'article 191 du Code français. Au contraire certains auteurs, en particulier M. Laurent (1), soutiennent que le mariage nul en la forme d'après la *lex loci matrimonii*, n'est pas *ipso facto* nul en France : la loi française, dit-on, a entendu restreindre la nullité du mariage aux causes les plus graves, à raison du trouble qu'un jugement de nullité apporte dans l'état des personnes ; la justice française doit donc tenir pour valables les unions annulables d'après la *lex loci*, lorsque le vice de forme dont elles sont entachées ne serait pas suffisant en droit français pour emporter nullité (exemple : défaut de publication des bans, insuffisance du nombre des témoins, les autres conditions de publicité étant d'ailleurs respectées). Pendant longtemps en Angleterre la moindre irrégularité de forme (alors du moins qu'on ne s'était pas, à prix d'argent, procuré la dispense des formes les plus gênantes), entraîna nullité. M. Laurent blâme avec raison ce formalisme exagéré ; mais la solution qu'il propose ne prête-t-elle pas à l'arbitraire, et sommes-nous bien, nous Français, en situation de juger de l'importance de formes qui, je le répète, ne doivent pas être envisagées isolément, mais comme se rattachant à un système légal différent du nôtre ? D'après nous, la loi étrangère seule a qualité pour déterminer les formes requises à peine de nullité, les personnes admises à se prévaloir de la nullité, la durée de l'action et les fins de non-recevoir contre cette action. En conséquence,

(1) Laurent, *Dr. civil internat.*, IV, p. 196.

un juge français ne peut admettre une fin de non-recevoir déduite de la possession d'état que sous les conditions établies par la *lex loci;* on ne doit donc pas appliquer à un mariage contracté à l'étranger l'article 196 (1) (qui dans une certaine opinion ferait de la possession d'état un moyen de défense contre la nullité pour vice de forme), si la loi étrangère ne contient aucune disposition semblable (2). Et d'autre part, si telle nullité de forme, facultative en droit français (incompétence, clandestinité, article 193) est obligatoire en droit étranger, le tribunal français *devra* la prononcer. Enfin c'est aussi la *lex loci* qui décidera sous quelles conditions le mariage, annulé pour vice de forme, peut produire des effets civils comme *mariage putatif.* En effet, le mariage putatif est une restriction légale aux effets ordinaires du jugement de nullité; il doit donc être régi par la loi qui institue cette nullité, à moins cependant qu'on n'envisage le caractère putatif des unions irrégulières contractées de bonne foi comme une loi d'ordre public.

En résumé, la loi du lieu où le mariage est célébré est seule exclusivement compétente, en principe, pour tout ce qui constitue l'*élément externe du mariage :* formes de la célébration, moyens de preuve et nullités de forme.

(1) *Contrà*, Cass., 26 juillet 1865, S. 65. 1. 393.

(2) Comparer à l'article 196 les articles 119 Code italien, 127 Code néerlandais.

SECTION IV

Mariages célébrés devant les agents diplomatiques ou les consuls

La diversité des lois de forme, l'obligation de recourir au mariage religieux dans les pays où le mariage n'est point encore sécularisé, l'absence de preuves authentiques du mariage dans certaines législations, apportent souvent à la célébration du mariage des étrangers conformément à la loi locale, de grands obstacles de fait ; aussi la plupart des États confèrent-ils à leurs sujets résidant à l'étranger l'option entre le mariage suivant la loi locale et le mariage suivant leur loi nationale devant les agents diplomatiques ou consulaires de leur pays, faisant fonction d'officiers de l'état civil. Sur quelle base juridique repose cette compétence des agents consulaires? La réponse à cette question varie suivant qu'il s'agit des *pays chrétiens* ou de l'*Orient*.

§ I. — COMPÉTENCE DES AGENTS DIPLOMATIQUES ET CONSULS EN *pays chrétiens*

Dans un premier système, on rattache la compétence des agents diplomatiques à la fiction d'*exterritorialité :* en vertu de cette fiction, ils sont indépendants du pouvoir local ; leur hôtel est inviolable, et considéré, pour ainsi dire, comme une portion du territoire de l'État qu'ils représentent, ils peuvent donc exercer dans son enceinte tous les droits que confère la souveraineté. Mais cette notion de l'exterritorialité est aujourd'hui reconnue inexacte : il est faux de prétendre d'une manière absolue qu'un ambassadeur soit censé résider avec sa suite là où il ne réside point, et ne pas résider là où il réside en fait. La vérité est que pour faciliter la mission délicate qui incombe aux agents diplomatiques, les États ont décidé, par un accord tacite, de respecter la personne des ambassadeurs, de ne leur appliquer ni à eux ni à leur suite les lois de police qui régissent le territoire, de ne pratiquer chez eux aucune perquisition, enfin de ne pas diriger contre eux d'instances judiciaires, même civiles, de nature à gêner leur liberté d'action. Tel est le fait : pour le justifier en théorie, les jurisconsultes ont imaginé la fiction d'exterritorialité ; mais cette fiction, née après coup, ne peut servir à étendre l'immunité diplomatique en dehors de ses limites normales. Appliquée au mariage, la fiction absolue d'exterritorialité tendrait à donner compétence à l'ambassadeur pour célébrer dans son hôtel, non seulement les mariages de ses ressortissants, mais même ceux des sujets de l'État auprès duquel il est accrédité : une telle extension de compétence, non justifiée par la mission de l'agent, serait une atteinte flagrante à la souveraineté territoriale. De plus, la fiction n'explique pas la qualité d'officiers de l'état civil reconnue aux consuls, qui ne sont point les représentants de l'État qui les institue, mais simplement les protecteurs attitrés des intérêts matériels et moraux des résidents de même nationalité. — Écartons par conséquent la fiction d'exterritorialité ; les motifs indiqués plus haut, (protéger la liberté de conscience des nationaux, et faciliter la preuve des mariages contractés à l'étranger) suffisent à expliquer cette compétence spéciale que beaucoup d'États confient à leurs agents en pays étranger.

Mais, tandis que leur mission politique est respectée par tous les États et consacrée par les principes du droit international public, les fonctions qu'ils exercent comme officiers de l'état civil, n'ayant avec cette mission aucune connexité nécessaire, ne sont pas reconnues par toutes les puissances; elles ne constituent en effet qu'une règle de droit public interne, et non un principe de droit des gens. En conséquence, si chaque État a le droit de conférer de semblables fonctions à ses agents, les autres États ont de leur côté le droit de les méconnaître, s'ils y voient un empiètement sur leur propre souveraineté. Il en résulte qu'à la différence du mariage conforme à la *lex loci*, valable partout en principe, le mariage célébré devant un consul n'est reconnu que par l'État dont le consul relève, et par ceux des États étrangers qui confèrent à leurs propres représentants semblable compétence. Ceux qui, au contraire, font de la règle *Locus regit actum* un principe absolu de droit public, et par suite refusent à leurs propres agents à l'étranger toute compétence de ce genre (par exemple l'Autriche), tiendront ces mariages pour non avenus.

Quoi qu'il en soit, l'article 48 du Code civil consacre la compétence des agents diplomatiques et consuls de France à l'étranger en matière de mariage. Cet article en effet ne distingue pas, il leur attribue compétence pour *tout acte de l'État civil des Français à l'étranger*, ce qui comprend les mariages comme la constatation des naissances et décès. La tradition est du reste en ce sens; l'ancien droit donnait déjà au Français l'option entre la forme étrangère et la forme française (devant le chapelain de l'ambassade); or la sécularisation du mariage en France n'a fait que rendre ce droit d'option plus nécessaire, en accentuant les différences qui séparaient le mariage français du mariage religieux encore usité en d'autres pays. Il est vrai que l'article 170 ne consacre pas expressément cette option ; mais cet article, visant la double hypothèse des mariages entre Français et entre Français et étrangers, ne pouvait qu'indiquer la forme commune à ces deux espèces d'union : c'est-à-dire la forme locale, car nous démontrerons que les consuls français sont en principe incompétents pour les mariages mixtes. Si des doutes pouvaient s'élever sur l'application de l'article 48 au mariage, l'ordonnance du 23 octobre 1833 sur les actes de l'état civil des Français reçus par les consuls, les ferait disparaître; elle suppose hors de conteste la compétence des consuls quant au mariage, puisqu'elle règle les formes à suivre (formes françaises, sauf différences de détail) (1).

A quels mariages s'étend la compétence de nos consuls? Il est certain qu'ils sont incompétents pour les mariages entre étrangers, mais plusieurs auteurs soutiennent qu'ils ont qualité pour célébrer les mariages *entre Français et étrangers :* leur refuser une telle compétence, c'est, disent-ils, apporter un obstacle injustifiable au mariage des Français, dans tous les pays où la forme religieuse locale blesserait leur propre religion ou leurs convictions philosophiques. Ce motif a effectivement conduit plusieurs États à étendre la compétence de leurs consuls aux mariages mixtes, mais la loi positive française ne nous paraît pas comporter cette extension. Non que les arguments du texte soient concluants ; on invoque généralement l'article 48, qui parlant de l'état civil des Français seulement, ferait antithèse à

(1) Consultez le *Guide pratique des Consulats*, par MM. de Clercq et Vallat.

l'article 47, où il est question de « tout acte de l'état civil des Français et des étrangers ». Mais ne peut-on pas dire de « l'acte de mariage d'un Français et d'une étrangère » qu'il est relatif à « l'état civil d'un Français »? L'ordonnance de 1833 ne vise, il est vrai, *in terminis*, que les mariages entre Français, mais comme elle n'emploie aucun terme faisant supposer qu'elle a entendu exclure les mariages mixtes, on peut très bien soutenir qu'elle a simplement statué *de eo quod plerumque fit*. — La raison qui nous paraît décisive, c'est la base même de la compétence des consuls en pays chrétien : puisqu'elle n'est point une règle de droit des gens, qu'elle porte au contraire une certaine atteinte à la souveraineté territoriale, elle doit être interprétée restrictivement ; le Code ni l'ordonnance ne parlant des mariages mixtes, la compétence consulaire doit être restreinte aux mariages entre Français. La jurisprudence est établie en ce sens (1): elle est même restrictive à l'excès, car elle dénie toute compétence pour les mariages mixtes même à nos consuls en Orient : l'arrêt qui fixa la jurisprudence (arrêt Sommaripa) annulait précisément un mariage contracté à Constantinople devant le vice-consul français, entre un Français et une sujette de l'Empire Ottoman. Des circulaires du ministre des Affaires étrangères des 4 novembre 1833 et 23 juillet 1850 ont confirmé cette jurisprudence ; j'indiquerai plus loin pour quels motifs nous la repoussons dans son application aux pays non chrétiens ; tandis que nous l'admettons pour l'Europe, Turquie exceptée.

(1) Cass., 19 août 1819, S. 19. 21. 1. 111 (arrêt Sommaripa). — Aix, 20 mars 1862, S. 62. 2. 387. — Paris, 6 avril 1869, *Gaz. des Trib.*, 7 avril 69. — Trib. Seine, 16 avril 1869, *Gaz. Trib.*, 5 juin 1869.

Un grand nombre d'États reconnaissent à leurs consuls une compétence semblable à celle que leur confère la loi française, sinon plus étendue. C'est ainsi qu'en Angleterre un acte de 1849 (*Consular Act*) déclare valables les mariages solennisés à l'étranger par l'ambassadeur ou consul anglais agissant comme *registrar* ou par un prêtre anglican en présence de l'agent anglais, soit qu'ils aient lieu entre Anglais, soit même entre Anglais et étrangers. Mais, par une singulière inconséquence, on annule au nom de la souveraineté anglaise, les mariages célébrés par des consuls étrangers en Angleterre entre sujets étrangers et sujets anglais. — Les États-Unis, plus logiques, dénient à leurs propres consuls toute compétence, du moins « dans les pays chrétiens »; c'est ce qui résulte notamment d'une instruction (rapportée par Lawrence), adressée par M. Cass, secrétaire d'État de l'Union, au ministre des États-Unis à Berne. Mais la pratique est en désaccord avec la théorie, car les mariages entre Américains, et même entre Américains et étrangers, devant le chapelain de l'ambassade des États-Unis à Paris sont relativement fréquents ; et de fait, il est peu vraisemblable que de tels mariages, nuls cependant selon la rigueur des principes, soient jamais annulés par un tribunal de l'Union; plusieurs cours américaines en effet professent, nous l'avons vu, la théorie de Wharton sur l'universalité du mariage consensuel, dit « mariage chrétien ». Quoi qu'il en soit, le gouvernement de l'Union ne confie pas à ses consuls en Europe la mission officielle de présider aux mariages; aussi considère-t-il comme un empiétement sur sa souveraineté la prétention qu'élèvent les consuls anglais de célébrer les mariages entre Américains et Anglais: tout au plus reconnaît-il, et par pure olérance, aux consuls étrangers, investis de ce pouvoir par un texte de loi, le droit de célébrer les mariages de leurs nationaux (1). Du reste, il ne faut pas croire que les mariages mixtes célébrés par des consuls anglais soient nuls par ce seul fait; ils vaudront au contraire dans tous les États de l'Union où le seul échange des consentements fait le mariage: si la présence du consul n'est pas nécessaire, elle ne peut du moins être un obstacle à la validité de l'union; en fait, elle en facilitera la preuve.

En France, au contraire, où le mariage est un contrat solennel, les mariages mixtes célébrés devant un consul étranger sont inexistants. La France, en effet, ne peut reconnaître aux agents étrangers accrédités en France une compétence plus étendue que celle que ses propres lois confèrent à ses représentants à l'étranger. La jurisprudence est depuis longtemps fixée en ce sens (2); elle a

(1) *Opinions of attorney general Cushing*, rapp. par Lawrence, *Revue de Gand*, 1870.

(2) Douai, 19 août 1843, P. 4. 1. 195. — Cour Paris, 6 avril 1869, S. 70. 2. 178. Cet arrêt fut rendu dans des circonstances particulières. Un Français avait épousé une Américaine à la légation des États-Unis, et il demandait à faire transcrire l'acte de mariage rédigé par le consul sur les registres de l'état civil d'un arrondissement de Paris, conformément à l'article 171. Le tribunal de la Seine, saisi du refus de transcription opposé par l'officier de l'état civil, autorisa cette transcription par jugement du 11 décembre 1868, en se fondant sur la fiction d'exterritorialité. Mais la Cour cassa le jugement, et considérant « que le mariage dont s'occupe l'article 171 est celui contracté sur le sol étranger, que la fiction d'exterritorialité a uniquement pour objet d'assurer l'inviolabilité de la personne des agents et les immunités qui s'y rattachent, » renvoya les parties devant l'officier de l'état civil pour y procéder à la célébration dans les formes françaises. — V. aussi Trib. Seine, 2 juillet 1872 et 21 juin 1873, *Journal Clunet*, 74, pp. 71 et suiv.

maintes fois déclaré nuls les mariages contractés aux légations d'Angleterre ou des États-Unis entre Français et sujets ressortissant de la légation. — De tels conflits ne sont pas possibles avec l'Allemagne, car l'article 85 de la loi fédérale de 1875 ne donne compétence aux agents diplomatiques et consuls que pour les mariages entre Allemands ; ni avec la Belgique, soumise comme nous au Code civil. Mais des conflits pourront s'élever avec la Suisse, l'article 13 de la loi fédérale du 24 décembre 1874 autorisant le conseil fédéral à investir, là où il le jugera utile, les agents de la confédération à l'étranger, d'attributions relatives à l'état civil, et à la célébration des mariages entre Suisses et entre Suisses et étrangers. Jusqu'ici, du reste, le Conseil fédéral n'a confié de telles attributions qu'à ses représentants en Orient.

§ II. — CONSULS EN ORIENT ET DANS L'EXTRÊME ORIENT

La compétence de nos consuls, dans les pays d'Orient ou d'extrême Orient (Turquie, Perse, Chine, etc.) ne doit-elle pas être plus étendue, au point de vue du mariage, que celle des consuls accrédités en « pays chrétiens » (pour employer l'expression usitée)? On sait qu'en Turquie (et il existe des traités ou des lois réglementant de la même manière nos relations avec les autres pays d'Orient ou d'extrême Orient) les consuls ont, aux termes des capitulations, une compétence très étendue ; ils sont en particulier investis du droit de juridiction exclusif, au civil et au criminel, sur les sujets de l'État qu'ils représentent. Les Européens résidant dans l'Empire Ottoman n'obéissent pas aux lois musulmanes, mais à leur loi nationale, dont les consuls sont les interprètes ;

les indigènes eux-mêmes n'ont pas tous la même loi, les chrétiens de Syrie, les Arméniens ont conservé leurs coutumes. Dès lors n'est-ce pas restreindre outre mesure le droit des consuls de France en pays « de non-chrétienté, que de leur refuser toute compétence pour les mariages mixtes, comme l'a fait la Cour de cassation dans l'arrêt Sommaripa précité ? Les États-Unis, qui refusent à leurs consuls en France la qualité d'officiers de l'état civil, n'hésitent pas à en confier les fonctions, même pour les mariages mixtes, à leurs représentants dans les pays de *non-chrétienté.* » Une semblable compétence doit, selon nous, être reconnue aux consuls français dans les mêmes pays. En effet, d'une part nous avons démontré que l'article 48 ne fournit pas à lui seul un argument suffisant en sens contraire, et d'autre part le véritable argument, déduit de la souveraineté des États, est ici sans portée, puisque les capitulations sont en quelque sorte la négation de la souveraineté territoriale par rapport aux résidents européens. Plusieurs hypothèses sont à prévoir : 1° le mariage d'un sujet français avec un « protégé » de la France (de nombreuses familles chrétiennes indigènes sont placées sous le protectorat de divers États européens) ; pour un tel mariage, le consul doit être compétent. 2° Un mariage entre Français et Européen d'une autre nation ; tous deux sont indépendants de la loi locale, en vertu des traités ; il n'y a pas de raison pour que le consul étranger, qui pas plus que le consul français ne représente la souveraineté territoriale, soit seul compétent ; nous donnerons donc aux parties l'option. 3° Soit enfin un mariage entre un Français et un sujet ottoman ; on peut objecter ici que la compétence du consul français porterait atteinte à la souveraineté de l'État ; mais cette objection, qui n'a pas arrêté les autres puissances européennes, a-t-elle une bien grande valeur ? Remarquez que les capitulations portent à la souveraineté locale des atteintes autrement graves ; telle est la concession du droit de justice aux consuls, même en matière criminelle. La compétence du consul français pour les mariages mixtes, sans porter aux droits du souverain local un coup bien sensible, aurait l'avantage de rendre possibles certaines unions que le Français ne pourrait contracter, s'il était obligé de respecter les usages et rites locaux. Sans doute, s'il appartient à la même confession religieuse que le sujet ottoman qu'il veut épouser, il pourra sans difficulté se marier conformément à la *lex loci* (1). Mais si les deux parties appartiennent à une confession différente (l'un catholique romain, l'autre grec par exemple), et surtout si l'une d'elles est juive ou musulmane, le christianisme et le Coran prohibant de telles alliances, le mariage religieux est impossible; aucune union régulière ne pourra donc être formée, si le consul n'est compétent.

Lorsqu'une contestation s'élève au sujet d'un mariage célébré devant un agent diplomatique ou consul, elle doit être portée, si le consul n'a pas droit de juridiction, devant le tribunal français du domicile d'origine des parties (circul. min. Just., 10 août 1836, D. P. 38. 3. 178) ; si le consul a droit de juridiction (édit de juin 1778 pour les Échelles du Levant, lois du 18 juillet 1852 et 18 mai 1858

(1) La Cour d'Aix, par arrêt du 20 mars 1862 (S. 62. 2. 387), a validé un mariage contracté par une Française avec un protégé français devant le curé de la paroisse d'une des parties à Constantinople. Sans doute, en l'espèce, les parties auraient pu se marier devant le consul, mais elles pouvaient opter pour la forme locale; en l'espèce, la forme était celle du concile de Trente, puisque la Turquie a respecté les usages des communautés chrétiennes ou juives.

pour la Perse, la Chine, les États de l'iman de Mascate, etc.) l'affaire lui est soumise en première instance, et à la cour d'Aix en appel. — En Egypte, cette compétence des consuls des divers États d'Europe n'a pas été abrogée par le traité international (approuvé en France par une loi du 25 décembre 1875) établissant les tribunaux mixtes : ces tribunaux, composés de conseillers indigènes, connaissent en effet de toutes contestations civiles et commerciales entre Européens ou entre Européens et indigènes *en dehors du statut personnel* (1). Ils statuent d'après une loi *unique*, le Code civil égyptien : or il parut impossible de soumettre à une règle uniforme l'état et la capacité juridique des individus de toute nationalité et de toute race résidant en Egypte; les contestations relatives à l'état des personnes, en particulier les causes matrimoniales, demeurent donc de la compétence exclusive des juges nationaux des parties, c'est-à-dire des consuls en première instance.

La juridiction consulaire est, nous l'avons vu, liée aux capitulations. Lorsqu'un État européen substitue sa souveraineté à celle de la Porte ou de tout autre gouvernement oriental, il abroge les capitulations, et négocie la suppression de toutes les justices consulaires. C'est ce qu'ont fait récemment la France en Tunisie, l'Angleterre à Chypre ; les tribunaux français ou anglais établis dans ces deux pays sont désormais seuls compétents pour y rendre la justice.

(1) Consultez : *Rapports du droit international privé avec la France extra-continentale,* par M. Brocher, *Journal Clunet,* 1881, p. 373.

APPENDICE

Militaires à l'étranger. Indigènes des Colonies

Cet appendice est consacré à l'examen de certaines situations exceptionnelles.

Les armées françaises qui occupent à un titre quelconque un territoire étranger, sont soumises à des règles spéciales, consignées aux articles 88-92, 94-95 et 98 du Code civil. C'est le Code français qui régit non seulement au fond, mais en la forme même, les mariages des militaires faisant partie de l'armée d'occupation. Les uns expliquent ce principe par une fiction d'exterritoralité, invoquant cette parole du premier Consul : « Là où est le drapeau, là est la France ; » les autres représentent la loi française comme la loi personnelle de l'armée, en quelque lieu qu'elle réside. Cette dernière conception est la plus exacte ; si le territoire occupé par l'armée française était vraiment *terre française*, ne fût-ce que provisoirement, il faudrait dire que tout Français doit pouvoir s'y marier en la forme indiquée aux articles précités ; or ces articles n'ont trait qu'aux mariages des militaires en activité de service ou des personnes de la suite de l'armée. Nous n'avons pas à étudier ici ces formes spéciales (1): il nous suffira de mentionner que c'est à certaines autorités militaires (intendant militaire ou major du régiment : V. article 89 et Ordonnance du 29 juil-

(1) Voir pour plus de détails *Les Militaires en droit français* par M. D. Jacomet de Boaça, Th. de Lyon, 1882, pp. 161 et suiv.

let 1817, article 9) que sont confiées les fonctions d'officier de l'état civil, et que les actes dressés par elles doivent être adressés au domicile des époux pour être inscrits sur les registres de la mairie. Puisque la compétence des autorités françaises pour le mariage des militaires à l'étranger n'est point basée sur une fiction d'exterritorialité, nous repoussons le système qui exclut l'application de la loi locale, sous prétexte que le militaire n'est jamais à l'étranger quand il est sous les drapeaux. Il faut dire au contraire : 1° que la forme locale est applicable au mariage d'un militaire avec une étrangère (1) ; la compétence du major du régiment est facultative (2) et ne saurait, en l'absence d'un texte formel, faire échec à la compétence régulière des autorités locales ; 2° que même pour les mariages entre un militaire ou employé de l'armée et une femme de la suite de l'armée, cette compétence de faveur, destinée à faciliter les mariages, ne peut exclure le droit commun : les parties auront donc l'option entre la forme des articles 88 et suivants, et la forme de la loi étrangère ; elles pourront même s'adresser au consul français. — Cette compétence des officiers de l'armée d'occupation pour célébrer les ma-

(1) V. Cass., 23 août 1826, S. 27. 1. 208.

(2) La compétence de l'autorité militaire pour les mariages mixtes n'est pas douteuse ; restreinte aux mariages entre personnes de l'armée, elle aurait peu d'utilité, puisque la plupart des mariages seront contractés avec des femmes du pays occupé. La pratique est fixée en ce sens ; on peut invoquer, en particulier la circulaire du 14 mars 1830, S. 36. 2. 342, décidant que si l'une des parties est étrangère, les publications pourront être faites en ce qui la concerne dans les formes locales. On ne pourrait alléguer, en sens contraire, le respect dû à la souveraineté locale, puisque l'occupation paralyse, en partie du moins, les droits de cette souveraineté.

riages des militaires est généralement reconnue par les lois européennes ; les mariages ainsi célébrés seront donc valables en tout pays.

Indigènes des colonies. — Les puissances coloniales, France, Angleterre, Pays-Bas, Espagne, etc..., ont dû respecter les religions et usages des indigènes soumis à leur domination ; les lois française ou anglaise n'auraient pu convenir aux peuples d'Afrique ou de l'Inde, dont l'état social est si différent de la civilisation européenne. De même que les Francs avaient laissé subsister la loi des Gallo-Romains, les Arabes et les Turcs les lois des chrétiens et des juifs, de même nous avons respecté en Algérie les usages des Arabes (1), dans l'Inde les lois des Hindous (2) ; naguère encore, avant le décret de naturalisation de 1870, les Juifs d'Algérie étaient soumis à la loi mosaïque. Ce principe de la *personnalité des lois* ne doit pas être confondu avec le statut personnel du droit international. Sans doute, dans les deux cas, la personnalité a pour base la différence des races ; mais en droit international on entend par *lois personnelles*, les lois, surtout relatives à l'état et à la capacité, qui suivent la personne même à l'étranger, et que la souveraineté étrangère respecte assez généralement, à titre de réciprocité ; tandis que dans l'hypothèse présente, il ne s'agit pas d'un conflit de souverainetés : c'est au contraire sur un seul et même territoire que s'appliquent les deux lois, loi du vainqueur et loi du vaincu. La Cour de cassation

(1) Ordonn. 26 sept. 1842, article 37, rendue conformément à l'acte de capitulation du 5 juillet 1830, garantissant aux indigènes leur religion et leurs propriétés.

(2) Arrêté du 6 janvier 1819.

en a déduit une conséquence importante, à savoir que la loi personnelle des Arabes, Hindous, etc., constitue une loi facultative. C'est une concession que la France fait à ses sujets, mais s'ils préfèrent se soumettre à la loi française, qui est la loi du souverain politique, ils le peuvent, et de semblables tentatives, préparant la fusion des races, doivent être encouragées, non prohibées. Cette doctrine est consignée dans un arrêt du 16 juin 1852 (1) (affaire Ramastrapoullé, Cassation, Dalloz, 52. 1. 183). Les décrets organisant la justice en Cochinchine, (ann. 1862 et suiv.) ont décidé expressément que les tribunaux appliqueraient le droit annamite ou le droit français, selon la volonté des parties (2).

Jusque dans notre siècle, toute une classe de la population de nos colonies (Antilles, Sénégal,) est demeurée frappée d'une incapacité de mariage, je veux parler des *gens de couleur*. Les noirs, même une fois affranchis de l'esclavage, ne pouvaient contracter avec les blancs d'unions valables aux yeux de la loi (édits royaux de 1685 et 1724). La Révolution elle-même ne supprima pas cette incapacité, comme le prouve une circulaire du grand juge du 18 nivôse an X. Le Code civil est muet sur la question : la jurisprudence considéra qu'il n'avait pas plus abrogé les incapacités frappant les gens de couleur qu'il n'avait aboli l'esclavage ; mais elle fit de cette prohibition, qui, dans l'esprit

(1) Voici les faits : Un Indien de Pondichéry avait épousé, malgré les prohibitions de la loi hindoue, une affranchie n'appartenant pas à sa religion ni à sa caste. La Cour de cassation déclara le mariage valable, attendu que l'arrêté de 1819 maintenant les usages des indigènes « ne lui interdisait pas de se soumettre librement à l'empire des lois françaises, en en observant les prescriptions. »

(2) J[al] *Clunet*, 1881, p. 373.

des rédacteurs desédits, formait un empêchement dirimant, un simple empêchement prohibitif. Tout empêchement a aujourd'hui disparu, sinon depuis la loi du 24 avril 1833, restituant la jouissance des droits civils dans les colonies à toute personne libre ou affranchie, au moins, sans aucun doute, depuis le décret du 27 avril 1848, abolissant définitivement l'esclavage. — Les mêmes prohibitions étaient consacrées par les lois des autres puissances coloniales ; elles ont presque partout disparu avec l'esclavage, dont elles dérivaient. A Cuba, colonie espagnole, et au Brésil l'esclavage subsiste encore, mais il doit bientôt disparaître, des lois récentes d'émancipation ayant décrété que les enfants des esclaves naîtraient libres.

CHAPITRE II

DE LA CAPACITÉ MATRIMONIALE OU DES CONDITIONS DE FOND DU MARIAGE EN DROIT INTERNATIONAL

Si la règle *Locus regit actum,* appliquée aux formes extrinsèques du mariage, tend à devenir le droit commun des États, il n'en est pas de même du principe que la loi nationale des parties doit régir les conditions de fond du mariage. Sur ce point les lois positives sont divisées, comme les doctrines théoriques (exposées par nous plus haut) qu'elles reflètent ; le système de la réalité domine encore en certains pays, et ceux-là mêmes qui reconnaissent la personnalité du statut sont en désaccord sur ce qu'on doit entendre par *loi personnelle*, les uns prenant pour criterium la nationalité, les autres le domicile natif ou d'origine, d'autres enfin le domicile *réel* ou actuel. — Nous nous proposons de présenter ici un exposé des principes divergents suivis en cette matière par les principales législations, en commençant par la loi française ; puis nous passerons en revue les divers empêchements au mariage, en recherchant à propos de chacun d'eux s'il doit être classé parmi les statuts réels ou personnels ; cette classification s'impose à l'interprète dans tous les pays qui, à l'instar de la France et à la différence de l'Italie, ont omis de régler législativement les cas où le statut territorial doit primer, au nom de l'ordre public, le statut personnel de l'étranger.

SECTION I

Le principe : Droit français (statut personnel) et droit étranger

§ I. — MARIAGE DES FRANÇAIS A L'ÉTRANGER

Le statut personnel suit la personne partout où elle se trouve : le Français qui se marie à l'étranger est donc tenu de respecter les règles de capacité établies par sa loi ; cette obligation découle implicitement de l'article 3, 3e al., C. C. et expressément de l'article 170, qui prescrit l'observation, dans les mariages à l'étranger, de toutes les règles contenues au chapitre 1er du titre du Mariage. Cette disposition expresse de l'article 170 a pour objet d'établir une antithèse bien nette entre les conditions de formes du mariage, régies par les lois, et les conditions de fond, soumises au statut personnel. Le statut étant personnel, les tribunaux français n'ont pas à rechercher si le mariage est régulier selon la loi du lieu où il a été contracté, mais uniquement s'il n'a pas été célébré au mépris d'un empêchement *dirimant* établi par le Code civil. Si l'empêchement est simplement *prohibitif*, comme par exemple le délai de viduité (art. 228), on doit néanmoins le respecter ; mais c'est là une obligation dépourvue de sanction, car d'une part l'officier étranger n'a pas d'ordre à recevoir de la loi française, et d'autre part le seul fait de la célébration à l'étranger ne peut transformer l'empêchement prohibitif en un empêchement dirimant ; il n'y a doute à cet égard qu'au sujet des publications et des actes respectueux; mais la question a été précédemment résolue.

Quand le Français n'a pas une simple résidence, mais bien son domicile à l'étranger, sa capacité devrait, d'après certains auteurs, être régie par la *lex domicilii*. Nous avons déjà exposé les arguments de raison qui militent contre ce système ; on argumente, il est vrai, en ce sens du mot *résidant* de l'article 3, qui ferait antithèse à « domicilié », mais cet argument n'a aucune valeur si l'on remarque que les rédacteurs du Code civil emploient souvent l'un pour l'autre les mots domicile ou résidence ; les motifs qui ont dicté l'article 3 permettent d'affirmer qu'ici, « résidant » est synonyme de « domicilié » (1). Si toutefois le Français, non content d'établir son domicile à l'étranger, a de plus abdiqué la nationalité française par la perte de l'esprit de retour (art. 17 C. C.), et que cette abdication résulte de faits précis et certains, il perd le statut personnel en même temps que la nationalité française; sa capacité sera désormais régie par la loi de sa nouvelle patrie, ou, s'il est sans patrie, le pays où il s'est fixé ne lui ayant pas encore accordé la naturalisation, par la loi du lieu où il contracte mariage.

§ II. — MAAGE DES ÉTRANGERS EN FRANCE

Deux étrangers ou un Français et un étranger se marient en France : quelle est la loi qui déterminera leur

(1) En ce sens, Cour de Paris, 20 janv. 1873, Dalloz, 75. 2. 59.

capacité ? La réponse est implicitement contenue dans l'article 3 : l'étranger en France demeure, sauf les restrictions qu'impose l'ordre public, soumis à son statut personnel, comme le Français à l'étranger. En effet, puisque cet article n'indique, comme formant un statut réel, que les lois de police ou de sûreté ou les lois relatives aux immeubles, il en résulte à contrario que l'état et la capacité des étrangers doivent être régis par leur statut personnel; cet argument à contrario est confirmé par la disposition expresse de l'article 3, 3°, sur la capacité du Français à l'étranger. Cette assimilation du Français et de l'étranger au point de vue des lois personnelles est d'ailleurs commandée par les principes et par l'intérêt même de nos nationaux, qui ne peuvent s'attendre à voir respecter en pays étranger leur loi personnelle, si nous ne respectons pas celle des étrangers. Les lois de capacité étant essentiellement attachées à la personne, si les deux parties sont de nationalité différente, la capacité de chacune devra être appréciée suivant sa loi propre.

Ces principes ne sont pas admis par tous les auteurs. Le système de la réalité des lois a été soutenu, bien qu'il soit bien peu conciliable avec les textes actuels ; les rédacteurs du Code l'ont eux-mêmes condamné, puisqu'ils ont rejeté l'article 4 (1) du titre IV du projet primitif, qui le consacrait. Non moins difficile à concilier avec les

(1) En voici le texte : « L'étranger sera soumis à la loi française pour les biens qu'il possède en France, et *pour sa personne*, pendant sa résidence. » Ainsi rédigé, cet article faisait antithèse à l'article 5, qui décidait que le statut personnel des Français les suivrait à l'étranger. Sa suppression est donc significative, elle prouve que les rédacteurs ont entendu appliquer les mêmes principes aux étrangers en France qu'aux Français à l'étranger.

textes est le système de Merlin, qui applique aux conditions de capacité en matière de mariage le principe du domicile matrimonial, ; nous avons déjà plus haut réfuté, au nom des principes, ce système, qui en effet ne diffère pas sensiblement de la doctrine de Savigny. M. Demolombe, dont la jurisprudence tend à adopter les conclusions, admet le principe du statut personnel, mais il y fait exception « toutes les fois que l'application de la loi étrangère serait de nature à compromettre un *intérêt français*, soit public, *soit privé* (1). » Il invoque en ce sens un double argument : 1° La personnalité du statut de l'étranger résulte non d'un texte précis, mais d'un simple argument à contrario ; ce silence du législateur a dû avoir pour but de laisser au juge une grande liberté d'appréciation, lui permettant d'écarter le statut étranger quand un intérêt français l'exige. 2° Cette liberté du juge est conforme à la nature du droit qu'il s'agit d'appliquer ; le droit international n'est pas codifié, ses principes sont encore indécis, le magistrat doit donc être investi de larges pouvoirs, et en user au profit de nos nationaux. — Il est douteux que cette argumentation soit fondée en équité, il est certain qu'elle ne l'est pas en droit. En effet, de deux choses l'une : ou l'argument tiré de l'article 3 est faux, mais alors c'est le système de la réalité pure et simple qui s'impose ; ou il est vrai, et en ce cas le juge doit respecter le statut de l'étranger, à moins que ce statut ne soit contraire à l'ordre *public* français ; encore ne doit-on pas agrandir à l'excès le domaine des lois d'ordre public, nous reviendrons du reste sur ce point. Mais il n'est pas admissible qu'un intérêt *privé*, l'intérêt d'un Français en litige avec un étranger,

(1) Demolombe, *Code civil*, I, n° 98 *in fine*.

fasse fléchir la loi; il est faux qu'un Français, par exemple, qui aurait épousé une étrangère mineure selon sa loi, n'ait qu'à prouver sa bonne foi pour repousser la demande en nullité formée par les parents de l'étrangère, dont le consentement n'a pas été obtenu, et que les juges français puissent valider, à raison de la bonne foi du mari, une union contractée avec une incapable. Un tel système est la négation même des principes du droit international, puisqu'il autorise les tribunaux à ne point s'y conformer.

Il existe cependant une hypothèse où la loi française régira seule et exclusivement le mariage de certains étrangers, c'est le cas où ces étrangers appartiendraient à un État (Allemagne par exemple) dont la loi fait dépendre le statut personnel du domicile ; en appliquant aux Allemands domiciliés la loi française, nous appliquons leur loi personnelle, puisque c'est la loi allemande elle-même qui les renvoie au statut français. Il faut d'ailleurs que le fait de l'établissement de leur domicile légal en France, dans les conditions prévues par leur loi nationale, soit dûment constaté; qu'ils soient munis, par exemple, d'une autorisation d'émigrer délivrée par les autorités de leur pays, si par hypothèse leur loi assujettit à cette formalité l'établissement de ses sujets à l'étranger. — On a prétendu appliquer aussi la loi française aux étrangers domiciliés en France avec l'autorisation du gouvernement, et en ce sens on a invoqué l'article 13 C. C. qui confère à cette catégorie d'étrangers la *jouissance* de tous les droits civils. On oublie que, si l'autorisation confère à l'étranger domicilié la jouissance des droits civils particuliers aux Français, elle ne lui confère pas cependant la qualité de Français ; l'étranger doit donc rester soumis à sa loi nationale quant à l'*exercice* de ces droits, et conserver en particulier l'état et la capacité que cette loi lui attribue.

La personnalité du statut de l'étranger soulève en pratique de graves difficultés : comment l'officier de l'état civil requis de célébrer un mariage, comment le juge, saisi d'une action en nullité, ou du refus opposé par l'officier de procéder à la célébration faute de pièces suffisantes, pourront-ils s'assurer de la capacité des contractants étrangers? Plusieurs législations étrangères ont, dans ce but, organisé des moyens plus ou moins imparfaits d'information, que nous mentionnons plus loin ; le Code civil français, au contraire, n'a même pas prévu la question; il n'existe sur ce point important qu'une simple circulaire ministérielle, dépourvue de tout caractère obligatoire. Cette circulaire du ministre de la Justice (1) recommande aux officiers de l'état civil « d'exiger de tout étranger, non naturalisé, qui voudra désormais se marier en France, la justification par un *certificat* des autorités du lieu de sa naissance ou de son dernier domicile, qu'il est apte, d'après les lois qui le régissent, à contracter mariage avec la personne qu'il se propose d'épouser. En cas de contestation, les tribunaux seront appelés à statuer. » Cette circulaire avait principalement pour but de prévenir le retour de faits semblables à ceux qui s'étaient passés dans le grand-duché de Bade : la loi badoise assujettit le mariage des régnicoles en pays étranger à l'autorisation gouvernementale ; un Badois ayant épousé sans autorisation une Française, celle-ci, malgré sa bonne foi, avait été expulsée du duché. — Des causes plus générales, tenant à la différence des législations sur la capacité matrimoniale, nécessitaient l'organisation d'un moyen légal d'in-

(1) Circul. minist. Just. 14 mars 1831, S. 36. 2. 342.

formation. L'officier de l'état civil peut facilement s'assurer de la capacité du Français, la loi énumérant les pièces qu'il doit se faire remettre et les conditions qui doivent être requises des parties ; mais il ignore la loi étrangère, il doit donc, ne pouvant contrôler lui-même les assertions de l'étranger qui se dit capable, exiger de celui-ci la production de pièces justifiant cette capacité et émanées des autorités étrangères compétentes. On a reproché à la circulaire de 1831 d'entraver le mariage des étrangers en France ; elle n'indique point à quels fonctionnaires étrangers les parties doivent s'adresser ; aussi ceux auxquels elles ont recours répondent-ils fréquemment par un refus, basé sur ce qu'ils ne sont point compétents pour délivrer de tels certificats ; et de fait, un maire français auquel un Français résidant à l'étranger demanderait une attestation semblable, aurait le droit de faire cette réponse. Ces objections sont fondées ; mais que prouvent-elles, sinon que les principes du droit international privé ne sauraient être appliqués pratiquement dans toute leur étendue, tant qu'il n'aura pas pour auxiliaire le droit international public, c'est-à-dire tant que les principes et les autorités auxquelles incombe la mission de les faire prévaloir, n'auront pas fait l'objet d'un accord diplomatique? Jusque-là, on ne pourra recourir qu'à des expédients imparfaits, utiles cependant ; la circulaire de 1831 est, à défaut de loi, un de ces expédients. Elle n'a pas eu pour but de créer un nouvel empêchement légal (une simple circulaire n'a pas force obligatoire), mais simplement de tracer une ligne de conduite aux officiers de l'état civil ; le ministre ne pouvant indiquer, faute de documents précis, les autorités auxquelles l'étranger devrait s'adresser, ignorant même s'il existait dans tout pays étranger des autorités compétentes pour délivrer des certificats de capacité, a pris soin de réserver le droit d'appréciation des tribunaux (1). Aussi, toutes les fois qu'un étranger mis en demeure par l'officier de l'état civil de produire un certificat, a justifié ne pouvoir le produire, les tribunaux saisis de la question n'ont-ils pas hésité à l'affranchir de la nécessité de ce certificat (2), en le mettant toutefois en demeure d'établir sa capacité par tous les moyens en son pouvoir ; en effet, cette capacité établie, l'exigence d'un certificat n'aurait plus d'objet. Supposons que l'étranger appartienne à un pays ne possédant aucun registre officiel de l'état des personnes, il est à supposer qu'il ne pourra se procurer aucun certificat répondant aux vues de la circulaire de 1831 ; faudra-t-il pour cela lui refuser le droit de se marier en France? Une telle interdiction ne se conçoit pas : toutefois, afin de rester fidèle à l'esprit de notre loi qui exige des pièces et justifications écrites, on a cherché à suppléer à l'absence du certificat par d'autres formalités. C'est dans ce but que fut rédigée la lettre, souvent commentée, du procureur du tribunal de la Seine à un maire du ressort (7 juillet 1835), décidant en substance « que, à défaut d'un certificat d'aptitude, par suite du refus des autorités du lieu de la naissance ou du dernier domicile, de délivrer une telle attestation, on pourrait y suppléer par un *acte de notoriété* sous la forme indiquée dans l'article 70 C. C. ; cet acte devant d'ailleurs être soumis à l'homologation du tribunal, s'il était en même temps destiné à tenir lieu de l'acte de

(1) « En cas de contestation, dit la circulaire, les tribunaux seront appelés à statuer. »

(2) V. jugement trib. Rouen, 26 janv. 1842, D. 42. 3. 155.

naissance que les parties n'auraient pu produire (art. 72 C. C.). » Il est très vrai, comme on l'a souvent objecté, qu'un acte de notoriété présente fort peu de garanties : des témoins peuvent, à la rigueur, être entendus sur des questions de pur fait, comme la date d'une naissance ; mais ils sont tout à fait incompétents pour affirmer la capacité d'une personne, point de droit délicat qui embarrasse souvent les jurisconsultes, et à bien plus forte raison les personnes ignorantes du droit, fussent-elles de même nationalité que l'individu dont la capacité est en question. Mais à ces objections on peut répondre qu'en l'absence de traités diplomatiques relativement à l'échange des pièces nécessaires, il est difficile de trouver un moyen sûr de renseignements : tout insuffisant qu'il soit, l'acte de notoriété est cependant une pièce qui, dans un certain sens, couvre la responsabilité de l'officier ; il est d'ailleurs certain qu'on n'y aura recours que s'il a été impossible aux parties de produire des actes plus probants.

§ III. — LÉGISLATIONS ÉTRANGÈRES

Les lois étrangères, au point de vue de la question qui nous occupe, peuvent se diviser en quatre groupes :

1° Lois déterminant le statut personnel de l'étranger d'après sa nationalité ;

2° Lois déterminant le statut personnel de l'étranger d'après son domicile ;

3° Lois consacrant le principe de la réalité absolue ;

4° Lois consacrant le statut personnel des régnicoles à l'étranger, mais soumettant les étrangers à la loi territoriale.

La *Belgique*, l'*Italie*, la *Suisse* consacrent, comme la

France, le principe de la personnalité du statut, en s'attachant à la nationalité. — La Belgique a conservé notre Code civil. — Le Code *italien* de 1865 consacre, pour les Italiens à l'étranger, l'obligation d'observer les règles de capacité prescrits par ledit Code. Quant aux étrangers en Italie, ils sont soumis à une double loi, leur loi nationale et la loi italienne (art. 202). En conséquence, l'étranger se mariant en Italie sera tenu d'observer celle des deux lois dont les prescriptions sont les plus rigoureuses ; si d'après sa loi il ne peut se marier qu'à vingt ans, il devra attendre cet âge, bien que la loi italienne soit sur ce point moins sévère (dix-huit ou quinze ans), mais si sa loi l'autorise à contracter mariage dès douze ans, il devra néanmoins attendre l'âge fixé par le Code italien. Il en est de même pour tous les autres empêchements, parenté, consentement des ascendants. Nous avons déjà démontré ce qu'il y a d'exagéré dans ce système. Pour s'assurer de la capacité de l'étranger, l'article 103 lui enjoint de présenter au bureau de l'état civil une *déclaration* de l'autorité compétente du pays auquel il appartient, prouvant que, d'après sa loi, rien ne s'oppose au mariage projeté.

Si le Code italien est trop rigoureux, la loi fédérale suisse de 1874 mériterait plutôt le reproche contraire. Pour le mariage des étrangers en Suisse, elle fait une juste application des principes, en exigeant qu'ils se conforment à leur loi nationale ; mais elle déroge aux règles généralement reçues en ce qui concerne le mariage des Suisses à l'étranger (1). L'article 54 de la loi de 1874

(1) V. *Leçons sur l'état civil*, t. I, par M. Barrilliet (jurisconsulte génevois). — Verger, *Principes de droit international... concernant les mariages contractés en pays étranger*. (*Revue pratique du Droit français*, XLVI, p. 425.)

dispose en effet qu' « un mariage contracté à l'étranger sous l'empire de la législation qui y est en vigueur ne peut être déclaré nul que lorsque la nullité résulte en même temps de la législation étrangère et des dispositions de la loi suisse. » Cet article, inspiré par le désir de limiter le nombre des procès en nullité, a soulevé les critiques des jurisconsultes suisses, qui lui reprochent avec raison de consacrer l'abdication de la loi suisse devant la loi étrangère. La Suisse, qui respecte le statut des étrangers, aurait le droit d'exiger en retour qu'on respectât à l'étranger le statut personnel des Suisses, et d'annuler par suite tout mariage contracté par un Suisse à l'étranger au mépris d'un empêchement dirimant de la loi de 1874, ce mariage fût-il valable d'après la loi étrangère. Comme le Code italien, la loi suisse exige de l'étranger un certificat d'aptitude : les articles 31 et 37 (loi de 1874) enjoignent aux officiers de l'état civil de ne célébrer le mariage des étrangers « qu'au vu d'une déclaration des autorités compétentes étrangères constatant que le mariage conclu par un de leurs nationaux sera *reconnu* par elles comme valable. » Prise à la lettre, cette loi serait inapplicable ; jamais une autorité administrative ne consentirait à délivrer un certificat libellé en ces termes, les questions de nullité de mariage étant de la compétence exclusive des autorités judiciaires. Aussi la Suisse a-t-elle dû renoncer à l'exécution littérale de cette clause ; à la suite de négociations diplomatiques, la France et la Belgique ont simplement autorisé leurs légations à attester « que d'après les pièces produites, le mariage projeté n'est contraire à aucun article du Code civil, et que moyennant certaines formalités prescrites par le certificat, la femme et les enfants du futur époux seront considérés comme partageant sa nationalité »; le droit des tribunaux français ou belges est d'ailleurs formellement réservé. Les légations d'Autriche, d'Espagne et de Grande-Bretagne ont adhéré à cette rédaction. L'Allemagne et l'Italie ont au contraire interdit à leurs représentants de délivrer de semblables certificats ; décision peu justifiable de la part d'États qui exigent des étrangers un certificat analogue.

Allemagne. — La loi fédérale de 1875 sur le mariage n'ayant pas abordé le droit international, c'est le *droit commun allemand* qui sera suivi en notre matière jusqu'au jour où l'on promulguera un Code civil d'Empire. Le droit commun n'est pas codifié ; il résulte surtout de l'ensemble des arrêts et des travaux de doctrine. Il y a bien dans les lois particulières de certains États des dispositions touchant le mariage des étrangers, mais elles ne sont pas suffisamment explicites : c'est ainsi qu'une loi prussienne (13 mars 1854) enjoint aux étrangers voulant contracter mariage de justifier par pièces authentiques que les lois de leur patrie n'y apportent aucun empêchement ; que cette même loi déclare le Prussien, qui en se mariant à l'étranger violerait un empêchement dirimant du *Landrecht* prussien, passible d'une amende et de l'annulation de son mariage. Mais on aurait tort d'en conclure que la loi prussienne a entendu consacrer le principe de la *nationalité* du statut ; elle a seulement statué *de eo quod plerumque fit*, les étrangers domiciliés en Allemagne ou les Prussiens domiciliés hors de Prusse étant l'exception. Au contraire, la grande majorité de la doctrine allemande tient pour loi personnelle la loi du domicile *réel* (*id est* actuel, par opposition au domicile d'origine); et pour la Prusse cette solution est confirmée par l'article 23 du *Landrecht* : « Les qualifications personnelles et les capacités de chacun sont réglées par la loi du lieu où chaque personne a son domicile réel. » Le Code bavarois se réfère expressément au statut du domicile. Le Code badois, qui a fait nombre d'emprunts au Code français, a adopté la rédaction première de notre article 3, qui imposait aux étrangers le statut territorial (1). Mais d'une manière générale, et sauf quelques exceptions locales, le droit commun allemand reconnaît le principe du statut personnel, pour les étrangers comme pour les nationaux, statut fondé sur le *domicile réel.* Ce point établi, il paraît logique d'apprécier la capacité de chaque partie, au point de vue du mariage, individuellement, c'est-à-dire d'après la loi dont chacune d'elles dépend au moment de la célébration. Mais nous avons vu que Savigny repousse ce système ; considérant que le *siège juridique* du mariage est au domicile du mari, il décide que la loi de ce domicile matrimonial doit déterminer non seulement les effets du mariage contracté, mais encore les conditions de capacité des parties, sans en excepter le cas où la femme aurait été domiciliée, jusqu'au mariage, dans un pays soumis à d'autres lois. Ce système peu ration-

(1) Il convient d'ajouter que les lois du grand-duché de Bade, de Wurtemberg et de la Bavière imposent aux régnicoles qui veulent se marier en pays étranger l'obligation de se munir d'une autorisation du souverain, à peine d'expulsion et de perte des droits de citoyen d'après la loi badoise, de nullité du mariage et de certaines sanctions pénales, d'après les lois bavaroise et wurtembergeoise. L'article 39 de la loi fédérale, abrogeant tous empêchements au mariage non reproduits par elle, semble avoir abrogé *ipso facto* cette législation rigoureuse des États du Sud ; mais nous n'oserions l'affirmer, le champ d'application d'une loi fédérale étant toujours dificile à délimiter, et la loi de 1875 ayant gardé un silence presque absolu sur les questions du droit international.

nel est loin d'être admis universellement en Allemagne; plusieurs auteurs soutiennent que la capacité s'apprécie d'après la loi du domicile de chaque partie; quelques-uns même, comme Schäffner, tendent à substituer la nationalité au domicile comme base de statut personnel.

Notre question est réglée expressément par le Code *civil autrichien*, dont les paragraphes 4 et 34 prévoient la double hypothèse du régnicole en pays étranger et de l'étranger en Autriche : la capacité de ce dernier est régie, aux termes de l'article 34, soit par la loi de son domicile légal actuel, soit, lorsqu'il n'a pas de domicile en Autriche, par la loi de son pays d'origine (domicile natif ou d'origine). Au contraire l'article 4 du même Code soumet expressément l'Autrichien, même domicilié en pays étranger, à sa loi nationale. Pour rétablir la concordance entre les articles 4 et 34, plusieurs jurisconsultes autrichiens interprètent ces mots de l'article 34 : « loi locale à laquelle l'étranger est soumis à raison de son domicile », comme synonymes de « loi nationale ». Cette interprétation est peu conforme au texte, mais elle manifeste la tendance de la doctrine moderne à substituer au principe du domicile celui, plus rationnel, de la nationalité.

Le Code civil des *Pays-Bas* contient à l'égard des étrangers un article dont l'interprétation soulève des difficultés. Pour les Hollandais à l'étranger, les articles 150 et 159 reproduisent presque à la lettre nos articles 170 et 171; mais l'article 9 du même Code semble par sa rédaction assujettir les étrangers à la loi territoriale : « Le droit civil du royaume est le même pour les étrangers et pour les Néerlandais, à moins que la loi n'établisse expressément le contraire. » Telle est du moins l'interprétation de MM. Fœlix et Pasquale Fiore, mais elle est contredite formellement par un des principaux jurisconsultes hollandais : M. Asser (1) a démontré que, si la doctrine de la réalité absolue des lois a longtemps été en faveur, la jurisprudence des tribunaux néerlandais est au contraire presque unanime aujourd'hui à trancher les questions d'état ou de capacité d'après la loi nationale des parties en cause. Et de fait, l'article 9 précité ne s'oppose pas plus à cette interprétation libérale, que l'article 13 de notre Code civil n'empêche les étrangers domiciliés en France avec autorisation du chef de l'État et admis comme tels à la jouissance des droits civils français, de demeurer néanmoins soumis, quant à l'exercice de ces mêmes droits, à leur statut personnel : en tant du moins qu'il ne s'agit point d'objets (lois de police, questions de propriété immobilière) pour lesquels la loi territoriale est exclusivement compétente.

On a pu voir, par l'étude qui précède, que la plupart des États admettant le statut personnel exigent de l'étranger qui veut contracter mariage sur leur territoire, un certificat d'aptitude émané des autorités de son pays ; mais aucune de ces lois n'a pu préciser à quelles autorités ce certificat devait être demandé. En présence de la difficulté pour les étrangers de se procurer le certificat légal, le cabinet de Berne avait conçu le projet de rédiger un manuel contenant un résumé clair des conditions auxquelles est subordonnée la validité des mariages dans les différents pays ; les officiers de l'état civil suisse auraient pu, eux-mêmes, et sans avoir recours à un certificat de l'autorité étrangère, apprécier la capacité de

(1) *Revue de Gand*, t. I, p. 113. — Cpls. Fœlix, II, *Des Mariages contractés en pays étranger*.

l'étranger d'après les pièces justificatives de son état par lui produites, en consultant le manuel officiel. Mais l'insuffisance des documents, et surtout la nécessité de rechercher dans une jurisprudence variable, plus souvent que dans des textes législatifs formels, la doctrine admise en chaque pays sur les conditions du mariage, ont fait abandonner ce projet. Seules les autorités du pays dont dépend l'étranger peuvent, et encore sous certaines restrictions, se porter garantes de sa capacité ; mais sont-ce bien les officiers de l'état civil du domicile d'origine qui ont qualité pour le faire ? Ils n'ont généralement pas une connaissance du droit assez complète pour libeller de tels certificats ; les consuls ou chanceliers des ambassades et consulats présentent à cet égard de bien plus sérieuses garanties, et ils paraissent d'autant plus aptes à cette mission que, résidant à l'étranger, ils peuvent délivrer facilement et à peu de frais les certificats réclamés de leurs ressortissants par l'autorité étrangère. C'est sur ces bases rationnelles que l'accord s'est fait, ainsi que nous l'avons dit plus haut, entre la France et la Suisse au sujet du certificat prescrit par la loi fédérale. Il serait à désirer qu'un accord semblable intervînt entre tous les États.

Russie. — *États scandinaves.* — La loi russe rentre dans notre troisième groupe. D'après l'article 63 des *Lois fondamentales* de l'empire, ces lois s'imposent à quiconque peut être considéré, par sa nationalité ou sa résidence, comme soumis à la souveraineté russe ; en d'autres termes, elles sont obligatoires pour le Russe en quelque lieu qu'il réside, et pour l'étranger en Russie. Il faut et il suffit que l'étranger qui se marie en Russie soit capable selon la loi locale ; le caractère essentiellement religieux du mariage russe conduirait du reste à cette solution même en l'absence de textes : les conditions de fond prescrites par une religion déterminée s'imposent à quiconque se marie suivant les rites de cette religion, quelle que soit sa nationalité, et quant aux autres conditions qu'une loi séculière pourrait prescrire, elles n'affectent point la validité de l'union célébrée selon les rites (exemple : théorie du concile de Trente sur le consentement des ascendants). Dans les pays scandinaves, Suède et Norwège, la législation est identique ; les lois de capacité forment un statut personnel pour le Suédois à l'étranger, un statut réel pour l'étranger en Suède (1).

On sait que l'*Espagne* et le *Portugal* ont deux législations sur le mariage, le droit canon régissant les mariages catholiques, le droit civil, d'ailleurs inspiré du droit canon en ce qui concerne les conditions de capacité, régissant les mariages civils. L'Espagnol, ou le Portugais, qui se marie à l'étranger, doit observer les conditions de capacité prescrites par l'une ou l'autre de ces deux lois suivant qu'il se marie devant un curé ou devant les autorités civiles locales (argument art. 50 loi espagnole de 1862, et art. 41 loi du 18 juin 1870). L'étranger qui se marie en Espagne doit, s'il opte pour le mariage catholique, se plier aux prescriptions canoniques, en particulier au point de vue de la parenté (on sait combien le droit canon a étendu les prohibitions de mariage entre parents, sauf dispenses papales) ; c'est là une conséquence nécessaire du caractère religieux

(1) La loi danoise punit de l'expulsion le régnicole qui contracte mariage à l'étranger au mépris d'une prohibition de sa loi personnelle ; mais le mariage est valable en principe.

du mariage. Quant au mariage civil, tout récent en Espagne (année 1870), ses principes comportent l'application pure et simple aux étrangers de leur statut personnel, sauf les restrictions nécessitées par l'ordre public. Nous ne pouvons citer de jugement d'un tribunal espagnol statuant sur ce point, mais la personnalité du statut de l'étranger est la conséquence logique de la personnalité du statut de l'Espagnol, affirmée par les textes (art. 41 loi 18 juin 1870 (1), à rapprocher de notre art. 170.)

Jurisprudence anglo-américaine. — Enfin le quatrième groupe comprend la Grande-Bretagne et les États-Unis. Dans ces deux pays, le droit international privé n'a pas fait l'objet d'une législation écrite, il est l'œuvre de la jurisprudence. Jusqu'à ces dernières années, les cours anglaises ou américaines, se conformant à l'esprit de la *common law*, ont appliqué au mariage la *lex loci contractus* sans distinction entre les formes, les conditions de fond et les effets. Un Anglais se marie en France, son mariage doit être régi par la loi française : un Français se marie en Angleterre, son mariage est un *mariage anglais*, et les cours anglaises le valideront, s'il est conforme aux prescriptions des lois anglaises, quand même il serait contracté au mépris d'un empêchement dirimant du Code civil. Telle est la doctrine traditionnelle, mais elle est aujourd'hui fortement battue en brèche surtout en Angleterre, et plusieurs décisions judiciaires ont déjà reconnu et affirmé l'existence d'une loi personnelle (2),

(1) Verger, *Principes du droit international*, etc. (*Revue pratique*, XLVI, p. 421.)

(2) Alexander, *le Mariage en Droit international suivant la jurisprudence anglaise*, Jal *Clunet*, 1881, p. 193.

suivant l'Anglais à l'étranger et même l'étranger en Angleterre. Cette évolution rencontre parmi les hommes de loi fidèles aux vieux principes une opposition résolue, mais il est probable que la doctrine nouvelle en triomphera. Déjà la première proposition : « appliquer la loi anglaise aux Anglais résidant hors d'Angleterre », est généralement acceptée ; considérant leurs institutions comme supérieures à celles du continent, les Anglais ne pouvaient longtemps hésiter à s'y rallier. L'application en Angleterre d'une loi étrangère réglant les conditions de fond du mariage des étrangers a pour adversaires un certain nombre de juristes, qui, imbus du principe féodal de la réalité des lois, considèrent la personnalité du statut de l'étranger comme une atteinte à la souveraineté territoriale : mais les cours ont une tendance manifeste à adopter le système nouveau, et comme preuve nous citons quelques décisions, rapportées par M. Laurent (1) : — C'est d'abord une décision du juge Creswel annulant un mariage contracté entre un Anglais et sa belle-sœur en Danemark conformément à la loi danoise, mais en violation de la loi anglaise. Il est vrai qu'on pourrait ranger la prohibition de mariage entre parents et même entre alliés parmi ces lois d'ordre public (*policy*), qui, d'après Story lui-même, partisan de la *lex loci contractus*, appliquée à la capacité, seraient obligatoires pour toute personne originaire de l'État qui les a promulguées ; mais les considérants du jugement ont une portée plus large, car ils posent en principe que le statut personnel des Anglais les suit à l'étranger. Un autre magistrat anglais dont les

(1) Laurent, *Droit civil international*, t. V. (Droit anglais, § 2 : les opinions dissidentes.)

décisions font autorité, *Phillimore*, incline aussi vers le statut personnel : il est vrai qu'il valida en 1874 un mariage conclu en Angleterre entre deux Portugais cousins germains, en violation de leur loi, qui exige pour de tels mariages une dispense papale ; mais sa décision fut basée sur ce que les deux époux étaient domiciliés en Angleterre lors du mariage ; or, pour lui, la loi personnelle se détermine par le domicile des parties au moment de l'union (domicile réel ou actuel ; système de l'école allemande). Ce jugement, du reste, fut réformé en appel par le juge *Cotton*, qui, adoptant sans réserve le système de la personnalité des lois d'état et de capacité, distingua nettement les « formes extrinsèques, logiquement soumises à la *lex loci*, des conditions de capacité, effets et causes de dissolution du mariage, qui, d'après les vrais principes, doivent, dit-il, être régis par la loi du domicile. » C'est à la loi du *domicile d'origine* qu'il semble s'être référé pour déterminer la capacité des parties (1), car à la suite de ces considérants, il annula le mariage par application de la loi portugaise. Or le domicile d'*origine* ne varie pas au gré de la volonté des parties, puisqu'il résulte de la naissance en tel ou tel lieu, presque toujours il se conforme avec la nationalité ; on ne peut donc faire au système qui rattache le statut personnel au domicile d'origine le reproche de favoriser la fraude, reproche encouru au contraire par le système du domicile réel ou actuel, qui offre aux parties incapables d'après la loi de leur pays, toutes facilités pour se soustraire à l'empire d'une loi gênante. Story, Henrys, dans

(1) Nous verrons plus loin que, pour le divorce, c'est à la loi du domicile actuel que s'attache la jurisprudence anglaise.

les cas exceptionnels où ils se rallient au statut personnel (exemple ; lois de police précitées inceste, polygamie), se réfèrent également au domicile d'origine ou natif.

Aux États-Unis, la plupart des jurisconsultes, Story, le secrétaire d'État Cass, Kent, Lawrence, sont demeurés fidèles au principe *Locus regit actum*, appliqué à toutes les conditions du mariage (sous certaines restrictions exigées par l'ordre public). Cependant Wheaton s'est rallié au principe du statut personnel.

SECTION II

Examen des divers empêchements au mariage au point de vue de l'ordre public. (Conflit de la loi personnelle et de la loi territoriale.)

La loi française et plusieurs autres lois étrangères admettant le principe du statut personnel, ont omis de déterminer législativement, comme l'a fait le Code italien, les cas où la loi personnelle de l'étranger doit au nom de l'ordre public céder devant la loi territoriale. Il importe donc de rechercher, à propos de chaque empêchement au mariage, si son caractère et sa gravité, au point de vue social, exigent une exception au principe ; en d'autres termes, s'il y a lieu d'appliquer au mariage des étrangers, non point leur loi personnelle, mais la loi territoriale qui édicte un tel empêchement, ou qui au contraire le prohibe. — Nous traiterons d'abord des empêchements prohibitifs, qui, selon nous, ne peuvent constituer une loi d'ordre public. Puis nous examinerons successivement : 1° les empêchements résultant d'un précédent mariage ou de la parenté, qui, au moins dans une certaine mesure, forment un statut réel ; 2° les autres empêchements dirimants ayant un caractère d'universalité (comme l'âge), ou du moins de généralité, (comme le consentement des ascendants, l'interdiction, les vices de consentement), qui tous forment, d'après nous, un statut personnel ; 3° certains empêchements conservés dans quelques monarchies (empêchements résultant de la religion, ou de la différence des castes, ou des condamnations criminelles : mort civile) ; ces empêchements, contraires au principe de la liberté de conscience ou aux idées de justice et d'égalité sociale qui sont la base des sociétés modernes, de la société française en particulier, ne sauraient recevoir d'application hors du territoire qui les a édictés.

§ I. — EMPÊCHEMENTS PROHIBITIFS

Un *empêchement prohibitif* ne peut jamais, selon nous, être d'ordre public. Cependant la jurisprudence tend à considérer comme un statut réel l'empêchement établi par l'article 228, aux termes duquel la femme ne peut se remarier avant l'expiration d'un délai de dix mois depuis la dissolution, par la mort ou le divorce, de son premier mariage. Cet article est, dit-on, une loi d'ordre public ; il repose, en effet, sur le désir de prévenir les filiations équivoques (confusion de part), non moins que sur un motif de décence publique (1). Mais ce raisonnement ne serait concluant que si le législateur avait sanctionné l'empêchement par la nullité du mariage ; en mainte-

(1) Cour Paris, 13 février 1872, Dalloz, 73. 2. p. 160.

nant le mariage et en réduisant la sanction à une simple amende contre l'officier de l'état civil, il a nettement indiqué qu'il ne voyait pas dans le mariage des veuves ou femmes divorcées avant les dix mois requis, une sérieuse atteinte à l'ordre social. Aussi croyons-nous qu'il n'y a aucune raison d'imposer aux femmes étrangères l'observation de l'article 228; c'est leur propre loi qu'il faut consulter et appliquer, soit qu'elle autorise le second mariage sans délai pour la femme comme pour l'homme, soit qu'elle impose des délais moins longs que la loi française (1). Si inversement, la loi étrangère est plus sévère, qu'elle impose par exemple au veuf lui-même un délai de viduité (2), ou qu'elle édicte quelque autre empêchement prohibitif non reconnu par la loi française (3), l'officier de l'état civil français qui en serait prévenu par une opposition, devrait, selon nous, surseoir au mariage; sans doute il ne pourrait encourir aucune peine s'il passait outre, car les peines ne peuvent être appliquées par analogie, mais le tribunal devrait maintenir une opposition fondée sur cette cause. Il faut cependant faire une distinction parmi ces empêchements prohibitifs; il ne peut évidemment être tenu aucun compte en France d'empêchements prohibitifs tenant au défaut d'autorisation de l'autorité supérieure hiérarchique

(1) La loi fédérale allemande établit un délai de dix mois (sauf dispense) (art. 35, loi de 1875); la loi autrichienne autorise le mariage immédiat de la femme s'il est certain qu'elle n'est point enceinte; si lors de la dissolution, il y a doute sur son état de grossesse, un délai de six mois lui est imposé.

(2) Le *Landrecht* prussien, abrogé sur ce point par la loi de 1875, imposait au veuf un délai de viduité de six mois.

(3) La loi fédérale allemande interdit le mariage entre le tuteur ou le fils du tuteur et la pupille, tout en déclarant valable le mariage qui serait célébré malgré la défense (art. 37).

dont un fonctionnaire ou un militaire étranger devrait être muni pour se marier, ou au défaut de justification par état ou par titre que les époux ont une certaine fortune (V. art. 38 loi allemande de 1875); ce sont là en effet plutôt des mesures administratives ou de police que des prescriptions de droit civil, et leur efficacité doit être strictement limitée au territoire.

§ II. — NULLITÉS D'ORDRE PUBLIC

1° *Bigamie ; polygamie.* — C'est un principe d'ordre public, chez tous les peuples où la monogamie est la loi du mariage, « qu'on ne peut contracter un second mariage avant la dissolution du premier » (1). Le mariage entaché de bigamie, c'est-à-dire contracté par une personne encore engagée dans les liens d'un mariage régulier, n'est pas seulement un acte nul, d'une nullité absolue, imprescriptible, susceptible d'être invoquée par tout intéressé et par le ministère public : c'est un crime, puni des peines les plus rigoureuses (travaux forcés à temps : art. 341 C. pén. français). La bigamie (et à fortiori la polygamie) étant prohibée au nom de l'ordre social et qualifiée *crime* par la loi, il n'est pas douteux qu'en cette matière le statut territorial doive l'emporter sur le statut personnel de l'étranger. Un Turc, par exemple, ayant actuellement une ou plusieurs femmes, ne pourrait faire célébrer par un officier de l'état civil français son mariage avec une nouvelle femme, sous prétexte que le Coran, sa loi personnelle, permet à ses fidèles d'avoir plusieurs femmes légitimes. Le Code russe, cependant, à la différence des autres lois européennes, reconnaît les unions polygamiques des non-chrétiens établis dans l'empire russe, cette tolérance

(1) Article 147, Code civil français.

est imposée par la diversité des races et des religions qui se partagent le territoire. Par les mêmes motifs, la France et les autres puissances coloniales ont permis aux indigènes de conserver leurs usages, en particulier la polygamie ; mais les colons venus de la métropole ne peuvent contracter avec ces indigènes que des unions monogamiques. — Aux États-Unis, la secte des *Mormons*, sous prétexte d'observer l'Ancien Testament, pratique la polygamie ; mais le congrès américain a, par acte solennel du 1er juillet 1862, annulé les actes de la législature de l'Utah, consacrant la polygamie sous le nom de *mariage spirituel*, et décrété des peines sévères contre quiconque contracterait un semblable mariage. D'après la jurisprudence des cours, un mariage est polygamique et puni comme tel par cela seul qu'il est célébré selon les rites mormons ; l'homme qui prend une première femme selon ces rites se réserve en effet de lui en adjoindre d'autres, ce qui est contraire à l'essence même du mariage monogamique.

De ce qu'une union polygamique, contractée en France, par exemple, où elle est prohibée, est radicalement nulle, doit-on conclure qu'une semblable union, contractée en Turquie, par exemple, où elle est licite, ne puisse produire en France aucune espèce d'effet juridique ? Cette conclusion serait trop absolue ; il convient, selon nous, de distinguer entre les effets de l'union à l'égard de la femme, et ses effets à l'égard des enfants. Il est certain qu'un musulman qui aurait amené en France son harem, ne pourrait requérir le concours de la force publique pour ramener à son domicile une de ses femmes qui l'aurait fui ; la question est plus douteuse si l'on suppose un mariage contracté sous l'empire d'une loi qui n'admettrait qu'une seule femme légitime et au-dessous d'elle des concubines : il semble bien qu'en ce cas la femme légitime doive être traitée en France comme une véritable épouse, au point de vue de ses droits et de ses devoirs. Quant aux effets du mariage polygamique à l'égard des enfants, ils doivent être déterminés par leur loi personnelle (puissance paternelle, filiation légitime et droits qu'elle confère). Un musulman décède en France laissant deux enfants, issus de deux femmes différentes : peut-on écarter ces deux enfants de la succession paternelle comme des bâtards, alors qu'ils y sont appelés comme enfants légitimes par leur propre loi? Si oui, pour être logique, il faudrait même traiter l'enfant de la seconde femme comme un enfant adultérin, et le réduire à des aliments, alors cependant que, d'après la loi des parties, les enfants des deux femmes ont des droits égaux. Ces conséquences sont inadmissibles : contractée hors du territoire, l'union polygamique ne trouble point l'ordre public français; légalement formée, elle a fait naître entre parents et enfants certains rapports de droit parfaitement licites, que leur loi personnelle est seule compétente pour régler; les tribunaux français devront donc appliquer cette loi (1).

La question de savoir quand il y a bigamie, et par suite mariage nul, soulève des difficultés dans les trois cas suivants :

(1) Les Chinois, sauf exception pour l'empereur et les dignitaires, n'ont qu'une femme légitime; mais si l'épouse est stérile, le mari prend généralement une concubine, dont l'enfant est élevé au rang d'enfant légitime : il importe en effet que la famille se perpétue pour continuer le culte sacré des ancêtres. (C'est pour le même motif que l'adoption à Rome était si usitée.) L'enfant de cette concubine doit pouvoir prétendre, sur les biens que son père laisserait en France, à tous les droits d'un enfant légitime.

1° Le divorce étant régulièrement prononcé à l'étranger, l'époux divorcé peut-il se remarier dans un pays où le divorce est prohibé?

2° Le mariage d'un individu condamné à une peine emportant mort civile doit-il être considéré comme dissous *ipso facto* dans les pays qui n'admettent pas la mort civile?

3° La loi prohibant le mariage du conjoint d'un absent est-elle de statut réel?

Absence. — Nous donnerons plus loin la solution des deux premières questions, et traiterons seulement ici de la 3e hypothèse, celle de l'*absence* d'un des époux. L'un des conjoints a disparu, son existence est incertaine: quel est le caractère du second mariage que l'époux présent contracterait avec un tiers? Deux systèmes se partagent les lois européennes; dans le premier, suivi par notre Code civil, l'absence, quelle qu'en soit la durée, n'élève jamais de présomption de mort (1); l'absent conserve tous ses droits, l'époux présent toutes ses obligations ; si ce dernier se remarie, l'action en nullité est sans doute paralysée tant que l'existence de l'absent demeure incertaine, mais du jour où l'absent reparaît, le cas de bigamie se trouve démontré et l'action en nullité est ouverte. Dans un second système, au contraire, l'absence prolongée entraîne une présomption de mort : mais, en ce qui concerne le mariage, les lois consacrant ce système se subdivisent elles-mêmes : les unes (Autriche, Russie...) font de l'absence une cause de divorce, laissant d'ailleurs aux tribunaux saisis de la demande en divorce une certaine latitude d'appréciation (enquête sur

(1) L'article du projet du Conseil d'État (liv. I, tit. IV, art. 27) qui autorisait le second mariage du conjoint présent, au cas où l'absent, s'il vivait, aurait cent ans, a été formellement rejeté.

les faits qui ont précédé le départ de l'absent, les chances de retour...). Les autres, déduisant la conséquence logique de la présomption de mort qu'elles attachent à l'absence prolongée pendant un temps fixé à priori, en font une cause *directe et spéciale* de dissolution : soit définitive ; soit conditionnelle, le retour de l'absent faisant revivre le premier mariage, à moins que l'absent ne préfère respecter la seconde union contractée par son ex-conjoint. Ce dernier système est admis dans plusieurs États allemands et en Suède. D'après le Code civil saxon, qui reflète le plus fidèlement le droit commun de l'Allemagne, l'époux présent a le droit de se remarier à condition d'affirmer sous serment qu'il est sans nouvelles de l'absent, dès que l'absence a duré le temps requis légalement pour faire présumer la mort ; à son retour l'absent a le choix, ou de laisser subsister le second mariage de son ex-conjoint, ou d'en demander la *résiliation* dans les six mois : nous disons « résiliation » et non pas nullité ou résolution, car le mariage intérimaire n'est pas rétroactivement anéanti : il a été valablement contracté, et ses effets subsistent dans le passé (art. 1708 à 1710 Code saxon), comme s'il y avait divorce.

Le législateur français s'est fait du mariage une idée plus noble ; bien loin d'accorder au conjoint présent la faculté de contracter une sorte de mariage *provisoire*, blessant pour les bonnes mœurs, il considère comme bigame l'époux qui s'est remarié durant l'absence de son conjoint (1). Or la bigamie est un crime, il n'est donc

(1) Toutefois, s'il était prouvé que le conjoint présent (ou la personne qu'il a épousée en secondes noces) a cru à *la mort* de l'absent, son second mariage pourrait être traité comme mariage putatif (effets maintenus dans le passé), et ne pourrait faire l'objet d'une poursuite criminelle. Il n'est même pas nécessaire de fournir une preuve directe

pas contestable que sur ce point la loi française est obligatoire même pour les étrangers : Allemands ou Suédois par exemple. On pourrait objecter que l'article 139 de notre Code fait une différence essentielle entre le bigame ordinaire et la personne remariée pendant l'absence de son conjoint, puisque, au lieu d'accorder l'action à tous les intéressés, il l'accorde à l'absent seul; ce qui paraît bien impliquer que, pour le législateur français, il s'agit d'une simple action en nullité relative fondée sur l'intérêt personnel de l'absent, et non sur un motif d'intérêt général. Si l'ordre public était en jeu, le ministère public aurait une action; or l'article 139 lui refuse tout droit d'agir. Cet article, au fond, confie à l'absent une *option*, analogue à celle que lui confie le Code saxon précité, et le rend juge et maître de la situation; aucun motif ne justifie donc l'exclusion du statut personnel. — Cette objection n'est nullement probante : serait-il démontré que l'article 135 a bien le sens restrictif qu'on lui prête, il n'en serait pas moins contraire à la morale publique de permettre au conjoint présent d'exciper de son extranéité pour opposer à l'action intentée par l'absent de retour une fin de non-recevoir inconnue au droit français (exception déduite, par exemple, de l'expiration du court délai de six mois imparti par le Code saxon pour agir, ou de la négligence que l'absent aurait mise à revenir au foyer (loi suédoise). A fortiori est-il impossible d'admettre, sous prétexte de statut personnel, la non-rétroactivité du jugement obtenu par l'absent, lorsque ni l'époux présent ni son nouveau conjoint n'ont été de bonne foi :

de la bonne foi; car c'est au demandeur en nullité à démontrer la mauvaise foi du défendeur. En l'espèce, la mauvaise foi consisterait à *n'être pas certain* de la mort de l'absent.

quelque restrictif qu'on le suppose, l'article 139 confère à l'absent une véritable action en nullité, et le jugement qu'il obtient doit rétroactivement anéantir l'union entachée de bigamie contractée par son conjoint.

Cette interprétation restrictive, basée sur la lettre de l'article 139, est d'ailleurs très contestée : beaucoup d'auteurs soutiennent que l'article 139 a eu simplement pour but de déclarer irrecevable toute action en nullité dirigée contre le second mariage, tant que la preuve de l'existence de l'absent, au moment où le second mariage a été contracté, n'est pas rapportée (argument tiré des mots « fondé de pouvoir, muni de la preuve de son existence »). Cette solution résultait implicitement du principe général : *actori incumbit probatio;* mais il existe dans le Code bien d'autres articles superflus. Que si, au contraire, l'existence de l'absent est démontrée, le droit commun reprend son empire : non seulement l'absent, mais les nouveaux conjoints, tous les intéressés et le ministère public auront le droit d'agir en nullité; sauf à faire produire au mariage annulé les effets d'un mariage putatif, si l'un au moins des nouveaux époux était de bonne foi. Cette explication de l'article 139 fait tomber le seul argument qu'on puisse invoquer en faveur du statut personnel de l'étranger.

2° *Inceste.* — Si l'inceste est une cause de nullité absolue du mariage, l'inceste par mariage ou hors mariage ne constitue pas, comme la bigamie, un crime prévu et puni par le Code pénal. En résulte-t-il que la prohibition de mariage entre proches parents ou alliés ne soit point une loi d'ordre public? Nullement; car il serait faux de chercher dans le Code pénal la sanction de toutes les lois de cette catégorie. Mais il n'en est pas moins vrai qu'il existe deux sortes d'incestes : l'inceste naturel et l'inceste civil (1). L'inceste naturel, c'est-à-dire l'union des sexes entre parents et alliés en ligne directe *in infinitum* (2) et entre frères et sœurs, est une cause de nullité de mariage chez tous les peuples civilisés : cette prohibition est absolue, et ne peut être levée pour aucune cause. C'est qu'en effet le mariage entre parents aussi proches est un fait contre nature, réprouvé par toutes les religions s'inspirant d'un idéal élevé, et condamné par les lois, comme un acte coupable, de nature à pervertir les relations de famille et à abâtardir la race. Les lois modernes, en assimilant pour les proscrire le mariage entre frère et sœur aux unions entre parents en ligne directe, se sont conformées aux traditions de l'Église et du monde gréco-latin : seules les lois de certains pays orientaux (Annam, par exemple) autorisent les mariages entre frères et sœurs, du moins entre frères et sœurs consanguins. Il est évident que de telles prohibitions forment un statut réel, obligatoire pour les étrangers comme pour les nationaux.

La question est bien plus douteuse pour l'inceste civil. Notre loi, il est vrai, prohibe à peine de nullité les mariages entre beau-frère et belle-sœur, entre oncle et nièce ; mais cette interdiction n'est pas absolue, le chef de l'État ayant le pouvoir d'accorder des dispenses, pour cause

(1) Montesquieu, *Esprit des Lois*, chap. XIV.

(2) La parenté *naturelle* fait, comme, la parenté légitime, obstacle au mariage. On discute en droit français la question de savoir si l'*alliance* résulte, comme la parenté, d'un commerce illicite aussi bien que du mariage. Le Code des Pays-Bas, suivant la tradition ecclésiastique, consacre expressément l'assimilation ; ainsi serait prohibé comme incestueux le mariage qu'un homme, ayant eu commerce avec une femme, contracterait avec la mère ou la fille de cette femme.

grave. Peut-on considérer comme d'ordre public une prohibition susceptible d'être levée par un simple acte administratif ? L'affirmative nous paraît d'autant moins soutenable que nombre d'États tiennent ces mariages pour parfaitement licites ; les divergences des législations sur ce point indiquent que l'immoralité de ces sortes d'unions est toute relative, qu'elles ne constituent pas un danger pour l'ordre social, et par suite que rien ne justifie en cette matière la prédominance du statut territorial. C'est une question religieuse plutôt qu'une considération de morale publique qui explique les sévérités de certaines lois ; l'Espagne, le Portugal, les États de l'Amérique du Sud, fidèles au droit canon, interdisent le mariage entre parents ou alliés jusqu'au quatrième degré (computation canonique : *id est* huitième degré du Code civil) sauf dispense du pape ou de l'évêque délégué; mêmes prohibitions dans les États qui suivent le rite grec (Russie par exemple); les lois autrichienne et scandinave prohibent le mariage jusqu'au troisième degré (canonique : cousins issus de germains) sauf dispense. Au contraire les États qui, dans leurs lois, n'ont entendu prohiber que les unions contraires à la morale, abstraction faite des règles canoniques, ont restreint aux proches parents ou alliés les prohibitions légales. Aux États-Unis, bien loin de considérer à l'exemple de l'Angleterre le mariage entre beau-frère et belle-sœur comme illicite, les jurisconsultes déclarent immorale toute restriction apportée aux mariages de cette espèce. Enfin la loi fédérale allemande de 1875, allant encore plus loin dans cette voie, a supprimé toutes prohibitions de mariage entre beau-frère et belle-sœur, et même entre tante et neveu, oncle et nièce ! La loi française (il faut y joindre les lois belge, italienne, anglaise) tient donc le milieu entre la sévérité excessive du droit canonique et l'extrême latitude laissée par le droit allemand. En présence de semblables divergences, l'application aux étrangers de leur loi personnelle nous paraît s'imposer; telle loi nous semble trop sévère, telle autre trop facile, mais sommes-nous bien placés, nous Français, pour en juger ? L'étendue des prohibitions est connexe au développement du groupe familial ; soit un pays où les enfants, même après leur mariage, demeurent groupés sous le même toit, celui de l'aïeul, chef de la famille : les prohibitions écartant la possibilité d'une réparation par le mariage, détourneront les membres de la famille d'entretenir entre eux des commerces illicites. Si au contraire le cercle familial se restreint, et telle est la tendance actuelle, si la famille (en désignant par là les parents vivant ensemble) se réduit au père et à la mère et à leurs enfants non mariés, certaines prohibitions cesseront d'être utiles. On pourrait faire valoir, il est vrai, en tous pays, une raison *physiologique* pour interdire les mariages entre proches parents, qui donnent souvent naissance à des enfants mal conformés, au physique ou au moral; mais cette considération a exercé peu d'influence sur les lois positives, et, en fait, les mœurs ne permettraient pas une prohibition absolue de mariage entre cousins germains. Pour tous ces motifs, nous croyons qu'en ce qui concerne les prohibitions entre parents ou alliés en ligne collatérale (frères et sœurs exceptés), c'est la loi personnelle des parties qui seule est compétente. Nous tenons en conséquence pour mal fondée la circulaire du ministre de la Justice du 10 mai 1824, disposant que « les étrangers qui se marient en France sont soumis, comme les régnicoles, à la nécessité d'obtenir des dispenses dans les cas déterminés par le Code, article 164, quand même les lois de leur pays ne leur imposeraient pas cette obligation. » Le ministre invoque deux arguments : 1° la maxime *Locus regit actum;* mais elle est relative aux formes, non aux conditions de capacité ; 2° l'ordre public et les bonnes mœurs ; nous venons de réfuter cet argument, en montrant qu'on ne peut confondre avec le véritable inceste des prohibitions susceptibles d'être levées par une dispense, et rejetées par plusieurs législations modernes. Cette circulaire est d'autant plus fâcheuse qu'elle place l'étranger dans une situation des plus fausses : en effet, d'après les décisions ministérielles du 26 février 1840 et du 4 juillet 1844, les étrangers ne peuvent obtenir de dispenses d'alliance du gouvernement français, mais seulement du gouvernement dont ils relèvent; or, s'ils appartiennent à un pays dont les lois autorisent *de plano* les unions entre beau-frère et belle-sœur, il est possible que leur requête soit rejetée comme superflue, et que, malgré leur droit évident, ils ne puissent, à défaut de dispense, faire célébrer leur mariage par un officier de l'état civil français. En fait, le texte d'une loi étrangère autorisant de tels mariages devrait avoir plus de poids aux yeux de l'autorité française qu'une dispense administrative, et la circulaire de 1824 eût dû, depuis longtemps, être rapportée. Rappelons du reste que ces circulaires ne sont pas obligatoires; un tribunal, saisi du refus par l'officier de l'état civil de célébrer le mariage entre deux étrangers ne produisant pas de dispense, pourra ordonner à celui-ci de passer outre à la célébration, s'il reconnaît après vérification que la loi des parties autorise le mariage. Si la loi étrangère est, au contraire, plus sévère que la loi française, elle devra être respectée ; un Portugais ne pourra épouser en France sa cousine germaine que s'il produit les dispenses prescrites par sa loi personnelle.

Des empêchements issus de la parenté, il convient de rapprocher ceux résultant de l'*adoption*, sorte de parenté civile. Notre code (art. 348) interdit le mariage entre l'adoptant, l'adopté et ses descendants, les enfants adoptifs d'un même individu, l'adopté et le conjoint de l'adoptant ou vice versâ. Cette prohibition a pour but de maintenir la pureté des relations que la vie commune, à défaut du lien du sang, fait naître entre ces différentes personnes ; mais on ne saurait en conclure que de telles unions aient le caractère d'un inceste civil, puisque le Code ne les frappe même pas de nullité (1). Le lien résultant de l'adoption n'a pas, en droit moderne, la force légale qu'il avait à Rome ; il n'est même pas qualifié de « filiation » par le Code. Les lois relatives à l'adoption n'ont donc aucun caractère d'ordre public, et les empêchements qui en résultent doivent être déterminés par la loi personnelle des parties. En Allemagne, l'empêchement n'existe qu'entre adoptant et adopté (art. 39 loi fédérale de 1875) ; en Russie l'adoption ne crée même aucun empêchement ; ces lois devront être appliquées en France aux Allemands et aux Russes. Réciproquement, une loi qui sanctionnerait ces empêchements par la nullité devrait être appliquée par nos tribunaux aux sujets de cette loi.

§ III. — EMPÊCHEMENTS DIRIMANTS DE STATUT PERSONNEL

1° *L'âge*. — Le Code civil prohibe le mariage des hommes avant dix-huit ans, des femmes avant quinze

(1) Les empêchements résultant de l'adoption ne figurent pas au chapitre IV, titre du Mariage ; or ce chapitre contient l'énumération limitative des causes de nullité.

ans révolus, sauf dispense du chef de l'Etat pour causes graves (art. 144 et 145). Le Code italien a reproduit la même règle. Ces codes tiennent le milieu entre les lois qui, demeurées fidèles au droit romain et au droit canonique, fixent la puberté, pour l'homme à quatorze ans, pour la femme à douze ans, et les lois des peuples du Nord, plus sévères que notre code sur la condition d'âge. Ces divergences s'expliquent, si l'on considère que tout législateur doit, en cette matière, tenir compte d'un double élément d'appréciation : 1° Des conditions particulières du développement physique de la race : il est indéniable que les peuples du Midi sont plus précoces que ceux du Nord ; c'est pourquoi l'Espagne a conservé l'âge de douze et quatorze ans, tandis que la plupart des États d'Europe ont reculé l'âge légal, à l'exception de l'Angleterre et des États-Unis, demeurés fidèles, en droit, à la tradition canonique. 2° L'aptitude physique n'est pas, dans une loi rationnelle, une condition suffisante de capacité ; ce n'est pas assez que les époux soient pubères, encore faut-il qu'ils aient pleine conscience de l'importance de l'acte qu'ils accomplissent : une enfant de douze ans n'est pas moralement apte au rôle de mère de famille, un mari de quatorze ne peut être chef de famille. C'est pour ce motif que le Code italien a répudié le droit canon, jusque-là suivi dans la péninsule : c'est pour la même cause, et non pas seulement à raison du développement tardif de la race, que la loi allemande de 1875 a fixé l'âge légal, pour tout l'Empire, à vingt ans pour l'homme, seize ans pour la femme (1). D'autres lois, moins

(1) Voici l'âge requis par quelques lois étrangères : loi suédoise, vingt et un et quinze ans ; — lois norwégienne et danoise, vingt et

rationnelles, comme la loi hongroise, font dépendre l'âge légal de la religion des parties : quatorze et douze ans pour les catholiques, dix-huit et quinze pour les protestants de la confession d'Augsbourg. C'est une inconséquence ; en pareille matière, tous les habitants d'un même pays devraient être soumis à la même loi.

Puisque la fixation de l'âge légal doit logiquement varier suivant les peuples et les climats, le caractère personnel du statut n'est pas discutable. Ce point est évident au cas où la loi territoriale est moins sévère ; il serait immoral d'autoriser une Française de douze ans à contracter mariage en Espagne. On pourrait soutenir au contraire, en s'appuyant sur les considérations morales indiquées plus haut, que la loi territoriale plus rigoureuse doit l'emporter sur la loi personnelle de l'étranger. Le Code italien est en effet en ce sens ; des deux lois, il applique toujours à l'étranger la plus sévère. Mais cette rigueur nous paraît excessive ; la loi nationale des parties est seule vraiment compétente pour apprécier à quel âge le mariage doit leur être permis, et si elle estime que le développement intellectuel est connexe au développement physique chez les sujets qu'elle gouverne, les autres États peuvent et doivent, dans leur propre intérêt, s'en rapporter à sa décision. Aussi croyons-nous que les tribunaux français n'ont pas à tenir compte de la *circulaire* ministérielle du 29 avril 1832, exigeant des étrangers une dispense, s'ils n'ont pas l'âge requis par le Code civil, alors même qu'ils seraient capables selon leur loi.

seize ans ; — russe (cultes chrétiens), dix-huit et seize ans ; — code des Pays-Bas, dix-huit et seize ans.

Particularité curieuse de la loi russe : le mariage est interdit aux personnes âgées de plus de quatre-vingt-dix ans.

Par les mêmes motifs, la loi personnelle de l'étranger déterminera le caractère de la nullité du mariage contracté avant l'âge légal. En droit français elle a un caractère mixte : elle est absolue, en ce sens qu'elle peut être invoquée par tout intéressé et par le ministère public; relative, en ce qu'elle peut être couverte (grossesse de la femme démontrant sa nubilité, ou expiration d'un délai de six mois à compter du jour où l'époux incapable a atteint l'âge compétent, article 185). En droit anglais, au contraire, les deux époux sont seuls recevables à exercer l'action en nullité, et cette action est couverte du jour où l'incapable est parvenu à l'âge légal : solution plus rationnelle que celle du Code, qui maintient durant six mois encore une nullité dont la cause a disparu. Ces dispositions du droit anglais devront être appliquées par la justice française aux époux anglais.

2° *Consentement des ascendants ou de la famille.* — Cette question est une de celles qui divisent le plus les législations. Le droit canon et les lois qui ont respecté le décret du concile de Trente n'admettent pas d'empêchement de cette nature; et celles qui l'admettent diffèrent : 1° sur les personnes dont le consentement est requis; 2° sur l'âge de la majorité; 3° sur le droit d'en appeler à la justice du refus des parents ; 4° sur la sanction (nullité relative, ou exhérédation). Cet empêchement a pour but de sauvegarder un double intérêt : l'intérêt du mineur, qu'on veut protéger contre les entraînements, les séductions, auxquels l'exposent sa jeunesse et son inexpérience; l'intérêt de la famille, qui doit pouvoir empêcher un mariage contraire à sa dignité ou à ses légitimes intérêts. Dans ce but, le père, ou ceux qui, à son défaut, ont reçu autorité sur l'enfant, sont constitués juges de l'opportunité de l'union. En France, ils sont juges sans appel, mais dans presque tous les autres pays, l'enfant a le droit d'en appeler aux tribunaux, qui décident en dernier ressort s'il y a lieu de maintenir le refus de consentement ; il ne faut pas en effet que l'aveuglement de la famille, ou sa préoccupation excessive des intérêts pécuniaires, fasse obstacle à un mariage honorable, en rapport avec la situation sociale de l'enfant. Voici d'ailleurs les décisions des principales lois sur la question : d'après le Code civil (France, Belgique, Pays Rhénans, Alsace-Lorraine), le fils mineur de vingt-cinq ans, la fille mineure de vingt et un ans, ne peuvent se marier sans le consentement de leurs père et mère (en cas de dissentiment, le consentement du père suffit), ou, si le père fait défaut, sans le consentement de la mère ; à défaut des père et mère, sans le consentement des aïeuls ou aïeules (art. 148 à 151). A défaut d'ascendants, les enfants des deux sexes, mineurs de vingt et un ans, doivent obtenir le consentement du conseil de famille. La sanction du défaut d'autorisation consiste dans la nullité du mariage, nullité relative, *id est* susceptible de confirmation et ne pouvant être invoquée que par les parents dont l'autorité a été méconnue ou par l'époux mineur (art. 182). — Le Code civil italien de 1865 (art. 63 et 64) s'est inspiré du Code français : il l'a seulement complété en accordant au fils majeur de vingt et un ans, mineur de vingt-cinq, le droit d'en appeler devant la cour du refus injuste des parents : peuvent également réclamer contre ce refus, dans l'intérêt de la fille ou du fils mineurs de vingt-et-un ans, les autres membres de la famille ainsi que le ministère public (art. 67). La nullité a le même caractère qu'en droit français, sauf deux différences : 1° l'action est refusée au fils qui était majeur de vingt et un ans lorsqu'il s'est marié; 2° le délai de confirmation légale est réduit à six mois, au lieu d'un an, à compter du jour où les parents ont eu connaissance du mariage en ce qui concerne l'action des parents, à dater de la majorité pour l'action de l'époux mineur (comparez article 183 Code français et article 107 Code italien.) Nous rappelons que le Code italien n'a pas admis le système des actes respectueux pour le mariage des enfants majeurs quant au mariage.

D'après le Code civil autrichien (§ 21), la majorité quant au mariage est fixée à vingt-quatre ans: le mineur ne peut contracter mariage sans le consentement du père, ou à défaut du père, de son représentant légal autorisé de justice. Le refus injuste peut être frappé d'appel. En Hongrie, les protestants suivent la même loi qu'en Autriche; les catholiques observent le droit canon, le mineur catholique peut se marier sans le consentement de sa famille, mais s'il le fait, la loi civile l'exhérède.

D'après la loi fédérale allemande de 1875, le consentement du père est requis jusqu'à vingt-cinq ans pour les fils, vingt-quatre pour les filles (1); le consentement de la mère n'est exigé qu'en cas de décès du père, et si l'enfant est mineur, le consentement du tuteur est aussi requis. L'enfant majeur (une loi du 15 décembre 1874 a fixé la majorité civile à vingt-un ans pour tout

(1) En Prusse, avant cette loi, le fils de famille à tout âge, la fille jusqu'à vingt-quatre ans, avaient besoin du consentement du père (*paterfamilias*). En Saxe on ne distinguait même pas entre le fils et la fille de famille (pur droit romain). La loi fédérale a mis fin à cette législation incompatible avec les idées modernes.

l'Empire) peut en appeler à la justice du refus du père. A défaut des père et mère, le mineur de vingt-un ans doit obtenir le consentement, non pas de l'aïeul, mais de son tuteur. Dans les parties de l'Allemagne où l'adoption confère la puissance paternelle (droit romain), le consentement de l'adoptant remplace celui du père. Quant à la sanction, elle diffère suivant les États, l'article 36 de la loi de 1875 se référant sur ce point aux lois locales : ici, nullité (Pays-Rhénans), là, exhérédation, totale ou partielle, de l'enfant (Bavière...). En Prusse, on suit un système mixte : si c'est l'autorité du père qui a été méconnue, le père a le droit d'agir en nullité, dans les six mois à compter du jour où il a connu le mariage, et de plus il peut à toute époque priver l'enfant de la moitié de sa légitime. Si, à défaut du père, l'enfant s'est marié sans le consentement de sa mère ou de son tuteur, ceux-ci peuvent agir en nullité du mariage, mais la nullité est facultative pour le juge, qui, pour statuer, apprécie les causes du refus.

D'après le Code des Pays-Bas, les enfants sont tenus, jusqu'à leur majorité civile (vingt-trois ans) d'obtenir le consentenent de leurs ascendants, ou, à défaut d'ascendants, de leur tuteur : le refus injuste est susceptible d'appel. L'action n'appartient qu'aux parents ou tuteur, non à l'enfant mineur (art. 146 Code néerlandais).

La Suède et la Norwège obéissent encore aux vieilles coutumes germaniques : le fils pubère n'a besoin pour se marier d'aucune autorisation ; la femme, au contraire, fille ou veuve, ne peut en principe se marier, quel que soit son âge, sans le consentement de son tuteur, ou *giftoman* (1). La sanction ne consiste pas dans la nullité du

(1) La tutelle perpétuelle des femmes et par conséquent le droit

mariage, mais dans l'exhérédation de la femme à la requête de son tuteur. Le refus d'autorisation peut être déféré à la justice.

La loi russe, pour les mariages entre chrétiens, exige, jusqu'à la majorité civile, le consentement des père, mère ou tuteur. Même règle en Espagne, où la majorité est fixée à vingt-cinq ans pour les fils, vingt-trois pour les filles (et vingt-cinq ans pour les deux sexes en Portugal). On peut en appeler aux tribunaux civils du refus de l'ayant-droit, père, mère, tuteur ou curateur. Par respect pour le droit canon, la sanction ne consiste pas dans la nullité du mariage, mais dans l'exhérédation de l'enfant.

En Angleterre, la majorité civile (vingt-un ans) se confond avec la majorité matrimoniale. Fils ou filles mineurs doivent requérir le consentement du père, ou du tuteur, ou à défaut du tuteur, de la mère non remariée ; enfin, si la mère est remariée, d'un tuteur *ad hoc* nommé par la Cour de chancellerie. Nous avons montré plus haut que la loi anglaise fait du consentement des père, mère, ou tuteur plutôt une forme qu'une condition de capacité ; pourvu que le mariage du mineur n'ait pas été célébré au mépris d'une *opposition expresse* de la personne qui a autorité sur lui, car en ce cas il y aurait vice de forme emportant nullité, le mariage est valable. Une telle législation est un encouragement donné à la fraude, puisqu'elle valide les mariages célébrés secrètement (1), à l'insu des parents, qui n'ayant pas

de consentir à leur mariage est déféré en 1er lieu au père, 2° aux frères, 3° à l'aïeul (la préférence étant donnée à l'aïeul paternel), 4° aux collatéraux (ceux de la branche paternelle étant préférés).

(1) On sait qu'en Angleterre il est facile d'obtenir la dispense des publications.

connu les projets de mariage du mineur n'ont pu naturellement former opposition à la célébration. La validité de l'union devient ainsi une prime décernée au plus habile, à celui qui saura le mieux déjouer la surveillance paternelle. Dans ces conditions, mieux vaut presque la loi écossaise, qui, fidèle au droit canon, n'exige pour le mariage des mineurs d'autorisation d'aucune sorte.

Aux États-Unis, comme en Écosse, la loi n'exige pour l'existence ou la validité du mariage ni forme solennelle, ni autorisation des parents ou tuteur. Un homme et une femme pubères, non parents au degré prohibé, échangent leurs consentements, en n'importe quels termes, en n'importe quel lieu : ils sont mariés. Les jurisconsultes américains exaltent cette loi protectrice de la femme ; séduite sous promesse de mariage, elle n'a pas à craindre, comme en Europe, le déshonneur auquel l'exposent l'abandon déloyal du séducteur, ou l'opposition de la famille de celui-ci, opposition souvent dictée par de mesquines considérations pécuniaires ; aux États-Unis, l'engagement pris par l'homme est irrévocable, et il ne doit pas compter sur le refus d'autorisation de ses parents pour le délier d'une parole imprudente. Il ne faut pas se méprendre sur la valeur de ces arguments, et la pratique a révélé les vices de cette législation trop libre. En fait, aux États-Unis, la famille est moins fortement constituée qu'en Europe; en enlevant aux parents tout droit de contrôle, on supprime une garantie sérieuse de la stabilité des unions; ces mariages contractés à la légère sont trop souvent des unions mal assorties, que le divorce dénouera bientôt. Aussi, en législation, doit-on préférer le système de l'autorisation des parents, au moins jusqu'à la majorité civile, avec le droit de recours aux tribunaux comme contrepoids équitable au pouvoir de la famille. — Il n'en est pas moins vrai que la personnalité du statut s'impose (1). Si les États-Unis ont supprimé ce que nous considérons comme une garantie, c'est qu'apparemment l'éducation américaine, l'habitude de l'indépendance et de la responsabilité, contractée de bonne heure par l'enfant, lui donnent une sûreté de jugement que n'a pas le jeune Français! A quoi bon, dès lors, offrir la protection de notre loi à qui n'a pas besoin de protection? Un mineur originaire de New-York, par exemple, doit pouvoir se marier en France sans aucune autorisation. Et réciproquement si la loi étrangère fixe la majorité à un âge plus avancé que le Code civil, elle devra être respectée; une Allemande majeure de vingt et un ans, mais mineure de vingt-quatre ans, ne pourra se marier en France qu'à la condition de produire le consentement de ses parents ou tuteur, bien qu'à cet âge une Française soit majeure quant au mariage.

Un Français majeur de vingt et un ans, mineur de vingt-cinq, s'est fait naturaliser à l'étranger, et veut y contracter mariage ; une fille mineure a épousé en premières noces un étranger, et, devenue veuve, veut se remarier : majeurs quant au mariage d'après la loi étrangère, auront-ils besoin d'obtenir le consentement de leur père, demeuré français? Lequel des deux statuts en conflit doit l'emporter? Celui de l'enfant, selon nous. Il s'agit en effet d'une question de capacité; or quelle est la loi compétente pour la résoudre, sinon la loi personnelle

(1) Une circulaire récente du ministre de la Justice (2 août 1884) a, conformément à ces principes, décidé que les Suisses âgés de vingt ans révolus pourraient se marier en France sans autorisation, selon leur statut personnel (loi fédérale de 1874).

de l'individu dont la capacité est en jeu? Cette loi seule a qualité pour apprécier le degré de protection dont ses sujets ont besoin. On pourrait objecter l'origine française des époux, mais nous avons établi qu'en droit français c'est la nationalité, non la naissance, qui détermine le statut.

3° *Vices de consentement: interdiction.* — Le consentement des deux parties est de l'essence même du mariage : « Il n'y a pas de mariage lorsqu'il n'y a pas de consentement (art. 146). » Telle est la règle dans tous les pays civilisés. Nous avons vu, dans notre historique, que dès le ve siècle les lois franques avaient sous l'influence chrétienne, enlevé au père ou tuteur (mainbourg) de la femme le droit de disposer de sa personne sans son consentement. Mais ce droit de contrainte est encore reconnu au père ou aux parents mâles de la femme chez certains peuples à demi civilisés, comme les Albanais par exemple. Il est certain qu'un Albanais ne pourrait invoquer son statut personnel pour marier en France sa fille contre son gré ; les formes mêmes du mariage français s'y opposent, puisque l'officier de l'état civil est tenu de demander à chacune des parties si elle consent au mariage. Mais il se peut que le *oui* sacramentel soit prononcé par la femme sous l'empire d'une contrainte morale ; cette contrainte qui ne rend pas le mariage inexistant, puisque en apparence les époux ont consenti, rend-elle du moins le mariage annulable, ou doit-on n'en tenir aucun compte sous prétexte que le statut personnel de la femme justifie cette contrainte exercée sur elle par sa famille ? Une telle loi ne saurait, selon nous, recevoir d'application en France ; il y a dans cette contrainte légale exercée sur la femme une violation de la personnalité humaine contraire aux principes de notre droit public; la femme qui en serait victime pourrait donc, selon nous, agir en nullité, sous les conditions prescrites par l'article 181 (1). — Est-ce à dire que la loi qui régit la nullité pour vices de consentement soit toujours de statut réel? Nullement, c'est au contraire le statut personnel que nous considérons comme la règle. Les raisons pour lesquelles nous repoussons l'application en France d'une loi étrangère autorisant, légitimant la contrainte exercée sur la personne d'un des époux, et donnons à ce dernier l'action en nullité de l'article 181, ne sauraient s'appliquer au cas de violence simple. Si un étranger est victime, non pas d'une contrainte *légale* en quelque sorte, pratiquée en vertu d'une *loi* étrangère, mais d'une violence ou contrainte *illégale*, prohibée aussi bien par les lois étrangères que par la loi française, il n'y a plus lieu de donner la préférence à la loi territoriale. C'est plutôt la loi personnelle de la victime qui nous semble compétente pour déterminer quelle *gravité* doit avoir la contrainte pour emporter nullité, ainsi que les caractères de cette nullité: chaque législateur en cette matière devant mesurer la répression sur le degré de sang-froid, sur la force de résistance de la moyenne des individus pour lesquels il légifère. Du reste, en fait, les principales lois observent sur ce point des

(1) On ne saurait objecter que la nullité pour défaut de liberté dans le consentement étant purement relative, n'est point d'ordre public. Le caractère relatif d'une nullité n'est pas en cette matière un criterium certain; et, en l'espèce, il se justifie avant tout par le désir de protéger efficacement la victime de la violence, en laissant le sort du mariage à sa discrétion: c'est pourquoi l'on n'accorde l'action en nullité qu'à elle seule, en la laissant juge du point de savoir s'il vaut mieux pour elle faire annuler le mariage ou le maintenir.

principes presque identiques. L'article 180 de notre Code, exigeant le *consentement libre* des deux époux, permet d'annuler le mariage, non seulement pour cause de *violence* au sens strict, mais pour tout fait de contrainte, physique ou morale, ayant eu pour résultat d'extorquer un consentement qui, sans cette pression, n'eût pas été obtenu. Presque tous les codes étrangers contiennent des formules analogues : le code prussien, par exemple, annule le mariage pour « violence » ou pour « crainte », désignant par ces deux expressions la double hypothèse d'une violence physique et d'une contrainte morale (*vis, metus*). Par une sorte de présomption légale de contrainte, le droit canonique et les lois qui s'en sont inspirées font du *rapt* un empêchement au mariage entre le ravisseur et la personne ravie, tant que celle-ci n'a pas recouvré son entière liberté. Cette présomption pourra être appliquée en France au mariage d'une étrangère soumise à cette loi ; bien qu'en droit français le rapt ne soit pas, en lui-même, une cause de nullité, et que le mariage soit valable, si la femme enlevée a consenti de son plein gré à épouser le ravisseur.

Restent les deux autres vices du consentement, le *dol* et l'*erreur*. D'après le Code civil, les manœuvres dolosives à l'aide desquelles le consentement de l'une des parties a été obtenu, ne sont point une cause de nullité du mariage ; en effet, l'article 180 n'a trait qu'à l'erreur et à la contrainte, et ce silence est significatif si on en rapproche la formule de l'article 1109, qui classe le dol parmi les causes de nullité des contrats pécuniaires. Le Code a repoussé ce moyen de nullité de mariage, afin d'éviter une source de procès nombreux, et d'assurer la stabilité des familles, en faisant le silence sur les manœuvres plus ou moins loyales qui ont pu amener la conclusion du mariage. Il faut cependant reconnaître que notre vieil adage : *En mariage, trompe qui peut*, est, dans son tour gaulois, une singulière maxime de morale, et qu'une loi qui prohibe la fraude tendant à abuser l'une des parties sur la situation de fortune ou les qualités personnelles de l'autre partie pour l'amener à contracter, ne peut être taxée de loi immorale : il n'y a donc pas lieu d'exclure le statut personnel de l'étranger (1), autorisant la nullité pour cause de dol.

Nous rattachons aussi au statut personnel la nullité pour cause d'*erreur*. En droit français, l'erreur n'est une cause de nullité de mariage que lorsqu'elle porte sur l'identité physique de la personne ou tout au moins sur sa personnalité civile (exemple : faussaire qui a usurpé l'état civil d'un autre individu); on n'en tient aucun compte si elle ne porte que sur les qualités, même substantielles, de la personne. Telle est du moins l'interprétation ordinaire donnée aux mots « erreur dans la personne » de l'article 180 *in fine*. Beaucoup de législations étrangères sont moins rigoureuses : Le *Landrecht* prussien autorise l'annulation pour erreur sur les *qualités essentielles* de la personne, et comme exemple il cite l'erreur consistant dans l'ignorance des faits suivants au passif de l'autre époux : condamnation pour crime, défaut de virginité, aliénation mentale, infirmité repoussante, maladie vénérienne contagieuse, etc... Cette loi est toujours en vigueur, l'article 36 de la loi fédérale renvoyant aux lois locales pour les effets de la violence, de l'erreur, du dol. Plusieurs auteurs français assimilent à l'erreur sur l'identité, l'erreur sur l'*aptitude* à l'œuvre du mariage :

(1) Le *Landrecht* prussien considère la fraude comme une cause de nullité de mariage.

si cette aptitude fait défaut à l'un des conjoints, soit par suite d'une impossibilité morale (qualité de prêtre, par exemple), soit par suite d'*impuissance* physique, l'autre conjoint, qui par erreur a épousé une personne *non mariable,* aurait le droit d'agir en nullité. Mais la majorité de la doctrine et de la jurisprudence française repousse cette assimilation, d'où une différence importante entre notre loi et la plupart des lois étrangères : en effet, les unes font de l'impuissance un empêchement dirimant spécial (droit canonique, codes d'Autriche et d'Italie); les autres prenant en considération l'erreur sur les qualités, permettent implicitement d'annuler le mariage pour impuissance, car presque toujours, lors du mariage, cette infirmité sera ignorée de l'autre conjoint; ce dernier système forme le droit commun de l'Allemagne. La *common law* anglaise considère comme cause de nullité « tout vice de conformation emportant impuissance ou stérilité. » Les sujets de ces différents États pourraient-ils demander en France la nullité de leur mariage, d'après leur statut personnel? Nous le croyons, bien qu'on puisse le contester, en invoquant le but du mariage et l'immoralité de la preuve. Le but du mariage : le mariage, peut-on objecter, n'a pas seulement pour objet la cohabitation physique et la procréation des enfants, c'est aussi « l'union des âmes », pour employer l'expression même des rédacteurs du Code. Mais cette objection est peu sérieuse; il n'est pas contestable que le but essentiel du mariage soit de *perpétuer* la famille, et que tout vice naturel de conformation ou tout accident rendant un des conjoints inapte à procréer, enlève au mariage son principal objet. — Quant à l'immoralité de la preuve, ce ne serait une objection concluante que si toute preuve admise par la loi étrangère, quelque inconvenante qu'elle fût (telles étaient les preuves admises dans notre ancien droit), était de plein droit recevable en France. Mais il n'en est rien : de ce qu'un étranger a le droit de démontrer l'impuissance de son conjoint devant un tribunal français, il n'en résulte pas qu'il puisse faire cette preuve autrement que par les modes généraux de preuve organisés par la loi française (enquête, témoignages de personnes compétentes, reçus dans les formes prescrites par la loi territoriale). Sous cette restriction, l'action en nullité pour impuissance, intentée par un étranger, ne nous paraît pas contraire à l'ordre public français.

On est d'accord pour reconnaître à la nullité pour vice de consentement le caractère d'une nullité relative ; cette nullité ne peut être invoquée que par celui des conjoints dont le consentement a été vicié, elle est susceptible de confirmation (1).

Si dans le cas précité le mariage est simplement annulable, en sorte que l'action en nullité est en quelque sorte la propriété d'un seul individu, maître d'en disposer à son gré, c'est qu'il y a eu malgré tout consentement, au moins consentement imparfait. Suppose-t-on, au contraire, un consentement donné par une personne inconsciente, un idiot ou un fou (accès passager ou folie habituelle), on peut dire qu'il n'y a pas de consentement ; le mariage est donc inexistant (art. 146),

(1) Les diverses lois diffèrent seulement sur les faits auxquels on doit reconnaître le caractère d'une confirmation, et surtout sur les délais de l'action. Le Code de Prusse déclare l'action non recevable, lorsqu'il y a eu cohabitation continuée pendant six semaines depuis la cessation de la contrainte, la découverte de l'erreur ou de la fraude. L'article 181 de notre Code civil exige six mois : ici encore c'est le statut personnel qui doit prévaloir.

en sorte que tout intéressé peut se prévaloir de l'inexistence, et que le mariage ne peut être validé ultérieurement ni par confirmation ni par prescription. — La solution serait des plus simples si la folie du contractant au moment même du mariage était toujours facile à démontrer ; mais en fait, rien n'est plus difficile que cette preuve, qui doit porter sur un moment précis de l'existence d'un individu: ce qu'il est relativement facile de constater, par la procédure d'interdiction, ou par enquête spéciale, c'est l'état habituel d'imbécillité, de démence ou de fureur. Cet état *habituel* dûment constaté doit-il faire présumer la démence *in ipso momento?* La question, en ce qui concerne le mariage, est des plus controversées en droit français, vu l'absence de textes : elle a donné lieu à trois systèmes principaux, que nous examinerons brièvement, la solution du point de savoir si le statut est réel ou personnel dépendant du système adopté. Le premier système tient pour inexistant, dans tous les cas, le mariage contracté par un interdit (1), le second tient pour valable le mariage contracté par un interdit dans les intervalles lucides, et pour inexistant en dehors de ce cas ; enfin le troisième système considère l'interdiction comme une cause de nullité relative. Nous ne pouvons admettre le premier système : si le mariage d'un interdit est inexistant, c'est parce que la folie supprime le consentement ; mais s'il en est ainsi, il doit suffire de prouver la lucidité d'esprit de l'interdit au moment du mariage pour

(1) Nous ne croyons pas devoir ajouter : « et par l'individu non interdit placé dans un établissement d'*aliénés,* » car l'incapacité dont il est frappé par l'article 39 de la loi de 1838 est limitée au temps où il demeure dans l'asile ; et tant qu'il est enfermé, il lui est matériellement impossible de contracter mariage.

en démontrer la validité, absolument comme s'il s'agissait d'un fou non interdit; le second système est donc seul logique. On objecte, il est vrai, qu'autoriser le mariage d'un interdit même dans un intervalle lucide, c'est perpétuer une maladie terrible, car la folie est trop souvent un mal héréditaire ; dans l'intérêt social, on doit rigoureusement prohiber le mariage des individus dont la démence est judiciairement établie. Si cette théorie était admise, il faudrait évidemment considérer la loi française comme un statut réel et d'ordre public, mais nous ne la croyons pas exacte. Nous ralliant au troisième système, nous estimons que le législateur ne tient ni pour existant, ni pour valable le mariage contracté par un interdit, mais pour nul d'une nullité relative, sans distinction entre le cas où la lucidité d'esprit de l'interdit au moment du mariage serait démontrée et le cas où cette preuve ne peut être faite. L'article 502, en effet, frappe de nullité tous actes passés par l'interdit, postérieurement au jugement d'interdiction, et ne semble faire aucune distinction entre les actes que l'interdit peut faire par représentant, et ceux, comme le mariage, pour lesquels il ne peut être suppléé : il est plutôt nuisible qu'utile de permettre à un interdit de tester ou de se marier ; c'est pourquoi le législateur n'a pas fait exception au principe de la nullité pour cette catégorie d'actes juridiques. Mais cette nullité, fondée sur une simple présomption légale et non sur la preuve directe du défaut de consentement, est une nullité purement relative, dont l'interdit seul peut se prévaloir ; elle constitue donc plutôt une mesure de protection et d'intérêt privé qu'une mesure d'ordre générale. Si la loi eût envisagé le mariage de l'interdit comme un danger social, elle l'eût frappé d'une nullité absolue dont tout intéressé pourrait se prévaloir, ainsi que le ministère public. Puisque tel est le caractère de la nullité, on voit qu'il n'existe aucun motif pour exclure l'application du statut personnel; un juge français saisi, par exemple, d'une demande en nullité du mariage d'un aliéné espagnol, devra rejeter la demande, si le demandeur ne prouve pas que le défendeur fût fou au moment précis du mariage: attendu que la loi applicable au litige n'est pas l'article 502, mais bien le droit espagnol, qui, suivant la tradition romaine, valide le mariage contracté par un fou durant les intervalles lucides. Du reste, la tendance des lois actuelles est de ne tenir aucun compte des intervalles lucides : la démence habituelle est une cause de nullité du mariage en Angleterre, Écosse, Russie, Autriche, Suède, etc... Si l'on admet l'interprétation que nous avons donnée de l'article 502, les causes de conflit seront donc peu fréquentes (1).

§ IV. — DES EMPÊCHEMENTS RÉSULTANT DE LA RELIGION : DIFFÉRENCE DE RELIGION, PRÊTRISE. — MORT CIVILE ATTACHÉE, SOIT AUX VŒUX MONASTIQUES, SOIT AUX CONDAMNATIONS CRIMINELLES.

Nous devons traiter en dernier lieu de certains empêchements admis universellement dans l'ancien droit, mais qui tendent à disparaître des lois modernes, je veux parler des empêchements résultant de la religion,

(1) L'avant-projet de revision du Code civil belge, préparé par M. Laurent, contient une disposition prohibant le mariage des faibles d'esprit pourvus d'un conseil judiciaire, sans le consentement du conseil et l'avis de la famille. (Laurent, *Droit civil international*, IV, p. 585.) Cette disposition, si elle est adoptée, devra être appliquée en France aux sujets belges.

en particulier de la prohibition du mariage des prêtres catholiques, et de la mort civile résultant des vœux monastiques, dont nous rapprocherons la mort civile attachée en certains pays aux condamnations criminelles les plus graves : la mort civile, en effet, soit qu'elle résulte d'un sacrifice volontaire, soit qu'elle frappe un grand criminel, produit à peu près les mêmes effets ; elle retranche de la société un de ses membres.

Parmi les empêchements tenant à la religion, il en est de simplement prohibitifs, comme le vœu simple de chasteté, la parenté spirituelle résultant du baptême (entre le parrain ou la marraine, et l'enfant), et les fiançailles (Primus, fiancé de Prima, ne peut épouser Secunda, que s'il s'est fait relever de son engagement par l'autorité ecclésiastique). Ces empêchements n'affectent pas, à vrai dire, la capacité de la personne, et n'ont de caractère obligatoire qu'au regard du prêtre, qui, d'après les canons, doit surseoir à la célébration ; aussi l'officier de l'état civil, dans les pays où le mariage est sécularisé, n'a-t-il pas à se préoccuper de tels empêchements. Mais il en est d'autres qui, dans les États où le mariage a conservé le caractère confessionnel, affectent la capacité même de l'individu et sont une cause de nullité de mariage ; tels, les empêchements résultant de la différence de religion, des vœux monastiques, de l'engagement dans les ordres sacrés. C'est ainsi qu'en Russie le mariage est prohibé entre chrétiens et non chrétiens ; le mariage entre orthodoxes et autres chrétiens est subordonné à certaines restrictions, enfin les membres de certaines sectes dissidentes et les apostats (orthodoxes qui ont abjuré) sont privés d'état civil. En Autr iche, mariage entre chrétiens et non-chrétiens est aussi prohibé, mais le mariage civil permet de tourner la prohibition; il en est de même en Espagne depuis l'établissement du mariage civil facultatif. Par contre, les *vœux monastiques* et la *prêtrise* constituent encore aujourd'hui en Espagne et dans les autres pays où le droit civil s'est inspiré du droit canon, des empêchements dirimants. Le prêtre est frappé d'incapacité à raison de son ministère, mais il ne renonce pas entièrement au siècle : le moine profès, au contraire, qui a fait des vœux solennels, est mort civilement, il n'existe plus pour le monde; il perd le droit de succéder, celui de se marier, en un mot il est retranché de la société par un sacrifice volontaire de sa personne. De telles incapacités peuvent-elles produire leur effet en France, par application du statut personnel? Nous ne le croyons pas, attendu qu'elles paraissent contraires à l'ordre public de tous les États qui, comme la France, ont sécularisé le mariage et proclamé la liberté de conscience (exemple : constitution Belge; Allemagne et Suisse, lois de 1874 et 1875). Au point de vue français, en particulier, la question ne devrait pas faire de doute : on ne peut en effet nier que les vœux perpétuels suppriment la personnalité humaine; or la Constituante a proclamé l'inaliénabilité des droits de l'homme, et le décret du 19 février 1790, reproduit par la Constitution de 1791, toujours en vigueur sur ce point, a déclaré « que la loi ne reconnaît plus ni vœux religieux, ni *aucun autre engagement*, qui serait contraire aux droits naturels ». Ces derniers termes semblent bien viser l'engagement dans les ordres. Ce qui caractérise les principes de 1789, c'est leur universalité; ce ne sont pas les droits du citoyen français, mais les droits *de l'homme* que la Révolution a proclamés (1), c'est sa liberté imprescrip-

(1) Si la Constitution de 1875 n'a pas reproduit la *Déclaration*

tible qu'elle a revendiquée devant l'Europe hostile. Ce serait donc violer ces principes que de tolérer sur le territoire français l'application d'une loi étrangère portant atteinte à la liberté de conscience; nul n'est tenu de persévérer dans la religion qu'il a d'abord professée, et interdire à un prêtre ou à un moine le mariage, c'est attenter à leur liberté. Un prêtre ou un moine étrangers doivent donc pouvoir librement contracter mariage en France, nonobstant leur statut personnel. Bien loin d'admettre cette théorie, depuis longtemps consacrée par les Cours de Belgique, la jurisprudence française s'en est écartée au point de créer, pour la France même, un empêchement que le Code civil ne reconnaît pas, l'empêchement résultant de la prêtrise. Pour justifier cette thèse, on s'appuie sur le Concordat du 23 fructidor an IX, et surtout sur les articles 6 et 26 de la loi organique du 28 germinal an X; mais de ce que les évêques, aux termes de cette loi, ne doivent ordonner que des ecclésiastiques réunissant les conditions requises par les canons, il n'en résulte nullement que les canons reçus par l'ancienne monarchie soient demeurés loi de l'État (1) : la Révolution a mis fin à cet état de choses en posant le principe de l'indépendance du pouvoir civil et de la religion, et le Concordat, tout en rétablissant le culte catholique, n'a porté aucune atteinte à cette

des Droits, ce n'est pas qu'elle ait voulu l'abroger : les principes de 1789 étant la base de notre droit public, ayant profondément pénétré notre législation entière, il était inutile de les proclamer à nouveau comme s'ils pouvaient être contestés.

(1) On doit remarquer qu'aucune question de dogme n'est en jeu. Le mariage des prêtres n'était pas interdit à l'origine de l'Église, et aujourd'hui encore le mariage est permis aux prêtres arméniens et chaldéens qui dépendent hiérarchiquement de la papauté.

indépendance. Merlin, Portalis, qui fut un des négociateurs du Concordat, Dupin, à la Cour de cassation, ont toujours combattu cette interprétation qui tendrait à restituer au catholicisme le caractère de religion d'État, et affirmé l'inexistence, en droit actuel, d'empêchements basés sur la religion. Malgré toutes ces raisons, la Cour de cassation a fait de la prêtrise un empêchement dirimant (1). La jurisprudence n'a pu donner la même solution pour les moines, le décret de 1790 est trop formel; mais du moins annule-t-elle le mariage contracté en France par des moines étrangers, à qui leur statut personnel interdit le mariage (2). La jurisprudence anglo-américaine se range au contraire au système de la réalité du statut, admis par nous précédemment, et valide les unions contractées en Angleterre ou aux États-Unis par des religieux étrangers.

A fortiori, considérons-nous comme capables en France les étrangers frappés de mort civile dans leur pays, à raison de leurs convictions religieuses ou philosophiques. En Suède, le luthérien qui abjure sa foi est frappé de mort civile comme apostat : en France, l'apostasie n'est pas un crime, elle est un droit : au nom de la liberté de conscience, chacun peut changer de religion, ou même répudier toute religion. La loi suédoise ne saurait donc recevoir application en France.

Enfin, et pour des motifs analogues, il convient de refuser tout effet en France aux prohibitions particu-

(1) MM. Aubry et Rau (v. p. 94) considèrent la prêtrise comme un empêchement prohibitif. Ce système intermédiaire paraît peu logique : ou les canons sont en vigueur, alors il y a empêchement dirimant; ou ils ne s'opposent pas à la loi civile, et en ce cas, il n'existe aucune espèce d'empêchement.

(2) Paris, 16 mai 1846, Dalloz. 47. 2. 23.

lières à une classe, à une catégorie de citoyens, ou aux incapacités de mariage résultant de proscriptions pénales ou de condamnations pénales prononcées à l'étranger. En conséquence, serait valable le mariage célébré en France entre blanc et nègre de la Louisiane ou du Texas, malgré les prohibitions, d'ailleurs inconstitutionnelles, édictées par ces lois ; ou le mariage, en France, d'un noble allemand et d'une paysanne sans autorisation du souverain (voir, au premier chapitre, ce qui est dit des mariages morganatiques) avant la loi de 1875, qui paraît avoir supprimé cet empêchement. Enfin, serait valable le mariage contracté en France par un individu condamné à l'étranger, fût-ce pour crime de droit commun, à une peine emportant *mort civile*. La mort civile fut en effet abolie en France en 1854, au nom de la morale : cette peine ne laissait au condamné que l'existence physique, mais elle supprimait légalement sa personnalité et le dépouillait de tous ses droits, ouvrant sa succession, brisant le lien matrimonial qui pouvait l'unir à une femme légitime, et lui interdisant pour l'avenir le droit de se constituer une famille. C'est par mesure d'ordre public que le législateur de 1854 a supprimé cette pénalité : on ne saurait donc appliquer en France une loi étrangère (loi russe, par exemple), admettant cette peine, et, par voie de conséquence, frappant de nullité tout mariage contracté par le condamné après sa condamnation. On pose généralement en principe que l'effet des jugements criminels doit être restreint, comme les lois pénales elles-mêmes, au territoire du pays où ils ont été rendus (Aubry et Rau, I, § 31, note 38) ; c'est un argument de plus en faveur de notre système, adopté par la plupart des auteurs (*contrà* : M. Demangeat). Nous croyons cependant qu'il faut, parmi les effets d'un jugement emportant mort civile, distinguer ceux qui ont un caractère pénal (incapacité de contracter mariage, par exemple), de ceux qui ont plutôt un caractère civil (dissolution du mariage, par exemple). Toute condamnation criminelle, en droit français, et dans toutes les lois admettant le divorce, forme une cause *péremptoire* de divorce ; il n'est donc pas contraire à l'ordre public d'envisager la sentence condamnant un étranger à une peine emportant mort civile comme contenant implicitement un jugement de divorce ; or l'effet du jugement de divorce n'est pas restreint au territoire. En résumé, l'épouse du condamné pourra se marier en France sans être coupable de bigamie, mais le condamné lui-même pourra de son côté contracter sur notre territoire un mariage valable au regard de la loi française : il pourra même, si son ancien conjoint y consent, renouer avec lui les liens rompus par la condamnation.

Empêchements résultant du défaut d'autorisation du souverain. — Quel est le caractère des lois étrangères interdisant à leurs sujets de contracter mariage à l'étranger sans l'autorisation du souverain ? N'est-ce pas une hypothèse où le statut personnel doit être écarté par la loi territoriale ? La circulaire de 1831, exigeant des étrangers qui viennent se marier en France un certificat de capacité, a eu pour but d'empêcher qu'à l'avenir un étranger incapable d'après sa loi ne pût surprendre la bonne foi d'un Français; mais elle n'a pas résolu la question de savoir si, au point de vue français, le mariage contracté par un étranger non autorisé est nul ou valable. En faveur de la validité, on peut dire que cette nécessité d'une autorisation est un obstacle à la liberté du mariage, une mesure vexatoire dont la loi française n'a pas à tenir compte. En faveur de la nullité (1), on peut répondre que les motifs d'une telle exigence sont légitimes : les mariages contractés par un régnicole à l'étranger le déterminent souvent à s'y fixer, or il importe d'empêcher une émigration excessive de nature à affaiblir l'État, ou du moins de réglementer cette émigration. A quel système donner la préférence ? Nous préférons le deuxième, qui respecte le statut personnel de l'étranger : au reste, la question n'a plus beaucoup d'intérêt pratique si, comme nous l'avons indiqué plus haut, la loi allemande de 1875 a implicitement abrogé cet empêchement qui figurait dans les lois du pays de Bade, du Wurtemberg et de la Bavière.

Il existe une dernière prohibition, de droit commun dans les pays monarchiques, qui soulève aussi une question délicate, c'est la prohibition pour les membres des familles régnantes de contracter mariage sans l'autorisation du prince régnant, chef de la famille de par sa qualité de souverain, quel que soit d'ailleurs son rang dans l'ordre de parenté civile : c'est ainsi qu'un grand-duc de Russie, oncle du czar, ne peut se marier sans la permission de celui-ci. C'est une règle établie dans toutes

(1) Le tribunal de Bordeaux s'est prononcé implicitement pour la nullité. Un sujet bavarois avait contracté mariage en Espagne, sans autorisation de son gouvernement : après le décès du mari, la veuve réclamait le partage de la communauté; mais les héritiers du mari prétendaient l'écarter du partage en alléguant la nullité du mariage aux termes de la loi bavaroise. Le tribunal de Bordeaux, sans contester cette nullité, débouta les héritiers à raison de la bonne foi de la femme, qui d'après la loi bavaroise et espagnole comme d'après la loi française, a pour conséquence le maintien des effets civils du mariage (mariage putatif). — (Trib. civil Bordeaux, 18 janv. 1882, Jal *Clunet*, 82, p. 539.)

les monarchies par la constitution, la loi ou l'usage : usage immémorial en pays allemands, Espagne, France avant 1789 ; loi anglaise de 1722 ; loi russe ; article 69 Code italien ; sénatus-consulte 21 floréal an XII sous le premier empire français, etc. — Le mariage contracté en France par un prince étranger non autorisé doit-il être annulé par nos tribunaux? Faut-il dire que la France, pays républicain, ne doit tenir aucun compte de telles prohibitions ? Il nous semble difficile de l'admettre ; il y a là, en effet, plutôt une question de droit public que de droit privé. Les mariages princiers n'intéressent pas seulement une famille, mais un État ; une famille royale ne s'appartient pas à elle-même, elle se doit à la nation ; les mariages de ses membres sont moins des contrats de droit privé que des actes *politiques* qui doivent être délibérés comme affaires d'État, parfois même soumis à la ratification des assemblées législatives, car ils peuvent cimenter des alliances ou entraîner des ruptures entre les gouvernements. Sans doute, le jugement d'un tribunal français validant le mariage d'un prince étranger malgré le défaut d'autorisation de son souverain, n'aurait pas pour effet de conférer aux enfants qui naîtraient de cette union, nulle aux yeux de l'État étranger, des droits de succession au trône, il légitimerait seulement le mariage comme contrat de droit privé ; malgré cela, la *courtoisie* internationale et l'intérêt que nous avons à entretenir de bonnes relations avec les États étrangers exigent l'annulation de semblables mariages, par application de la loi étrangère. C'est seulement au cas où le statut étranger maintiendrait comme mariages *morganatiques* ces unions clandestines, qu'il ne pourrait être question en France d'annuler le mariage.

Pour achever l'étude des conditions de capacité, nous

devrions encore résoudre deux questions : 1° nature des empêchements résultant du divorce ; 2° compétence des tribunaux français relativement aux actions en nullité de mariage des étrangers, ou des tribunaux étrangers relativement au mariage des Français. Mais nous renvoyons la première question à notre chapitre sur le divorce : il convient en effet d'étudier le divorce en lui-même pour apprécier le caractère des empêchements qui s'y rattachent. Quant aux questions de compétence, qui se posent dans les mêmes termes pour les procès en nullité et pour les instances en séparation de corps ou divorce, elles feront l'objet de notre dernier chapitre.

CHAPITRE III

EFFETS DU MARIAGE EN CE QUI CONCERNE LA PERSONNE DES CONJOINTS

Statut applicable, en cas de conflit, aux droits et devoirs respectifs des époux, et particulièrement à la puissance maritale et à l'incapacité de la femme mariée.

L'objet de ce chapitre n'est pas d'étudier tous les effets du mariage, mais uniquement les relations personnelles, les droits et devoirs respectifs qu'il crée entre les époux, et surtout l'influence qu'il exerce sur l'état et la capacité de chacun des conjoints : en un mot, nous nous proposons de présenter le commentaire du chapitre VI du titre de Mariage, au point de vue du droit international privé. Nous n'avons donc pas à examiner les effets du mariage quant aux biens, à rechercher la loi applicable au régime matrimonial des époux en cas de conflit, à l'hypothèque légale de la femme sur les biens du mari, ou aux droits successoraux et au douaire du conjoint survivant. Nous ne traiterons pas non plus des effets du mariage à l'égard des enfants : filiation légitime, puissance paternelle, usufruit légal des père et mère, légitimation par mariage subséquent. Nous restreignant aux effets concernant la personne des époux, nous rechercherons quelle loi régit, en cas de conflit, les obligations des conjoints l'un envers l'autre, la puissance maritale, la condition juridique et la capacité de la femme mariée.

§ I. — EFFETS DU MARIAGE COMMUNS AUX DEUX ÉPOUX

Le mariage produit certains effets communs aux deux époux, et en outre il crée à la charge de chacun des obligations spéciales.

Effets communs. — 1° Émancipation par mariage. Tout mineur, de l'un ou l'autre sexe, qui contracte mariage, est, en droit français, émancipé de plein droit. Pour le mari, c'est une extension de capacité ; quant à la femme, elle ne sort de tutelle que pour passer en puissance de mari. (Si le mari est majeur, il est en même temps son curateur légal.) *Quid*, si la femme française épouse un étranger dont la loi maintient la femme mariée mineure sous la tutelle paternelle ? En ce cas, le père, quoique français, devra conserver la tutelle ; car la tutelle étant une mesure de protection, c'est le statut personnel de la personne qu'elle a mission de protéger qui doit être appliqué ; or la femme ayant acquis par le mariage la nationalité de son mari est, par ce fait, soumise à sa loi.

2° Les époux se doivent mutuellement secours et assistance (art. 212). Ce devoir dure autant que le mariage, et la séparation de corps ne dissolvant pas le lien qui unit les époux, ne peut le faire disparaître. Si une loi étrangère en affranchissait les époux séparés, les tribunaux français ne devraient pas l'appliquer, car le devoir d'assistance mutuelle est de l'essence du mariage. Il serait contraire à l'ordre public qu'un époux riche refusât des aliments à son conjoint pauvre ; aussi la jurisprudence française, qui en principe se déclare incompétente pour les procès entre étrangers, fait-elle exception pour les demandes d'aliments (1). La loi française rattache au mariage une obligation alimentaire réciproque entre le conjoint et ses beau-père et belle-mère (art. 206): le tribunal de la Seine a décidé avec raison qu'en cette matière la loi française devait, au nom de l'ordre public, primer le statut personnel, et par suite qu'un gendre français pouvait réclamer des aliments à ses beau-père et belle-mère, bien que leur loi (loi des États-Unis en l'espèce) ne mît à leur charge aucune obligation de ce genre. Le jugement du tribunal de la Seine ne put être exécuté, les biens du beau-père étant situés en Amérique, et la cour de circuit (2) ayant, par application d'un statut territorial opposé, refusé l'*exequatur* au jugement français (3).

Le même article 212 impose aux époux le devoir *mutuel* de fidélité. Toutes les législations le consacrent, mais elles diffèrent sur les conséquences de la violation de ce devoir, envisagée soit comme cause de divorce, soit comme délit pénal ; ces divergences tenant à une conception différente de la puissance maritale, il convient d'en renvoyer l'examen.

§ II. — PUISSANCE MARITALE ET INCAPACITÉ DE LA FEMME EN DROIT INTERNATIONAL

Toutes les lois considèrent le mari comme chef de la fa-

(1) Paris, 19 déc. 1833, S. 34. 1. 384.

(2) Jal *Clunet*, 1874, pp. 45-47.

(3) Il n'y a pas lieu de traiter ici de l'obligation alimentaire entre ascendants et descendants, ni du devoir d'éducation, qui ne sont pas les conséquences du mariage, comme semble l'indiquer le chapitre v, mais bien de la filiation, légitime ou naturelle, ou même adultérine.

mille, mais elles diffèrent profondément sur l'organisation de la puissance maritale et l'étendue des pouvoirs qu'elle confère, et plus encore sur la capacité juridique de la femme, ici frappée pour ainsi dire d'interdiction légale, là au contraire pleinement capable. Il importe donc de rechercher quel est, en cas de conflit, le statut applicable. Pour résoudre cette question, il faut déterminer au préalable quel est le fondement rationnel de la puissance maritale et de l'incapacité de la femme mariée : ce sont là deux effets distincts du mariage mais procédant d'une origine commune, en sorte que la disparition progressive de l'état social dont ils dérivent tend à les atténuer l'un et l'autre dans le droit moderne.

1° *Origine de ces deux institutions.* — Cette origine commune réside dans l'idée de l'*infériorité* naturelle de la femme. Cette conception se retrouve dans les lois de presque tous les peuples de l'antiquité : la femme est un être faible ; la force et le droit se confondant chez les peuples primitifs, l'homme ayant la force a pour lui le droit et la puissance. Cette puissance se manifeste par l'institution de la tutelle perpétuelle des femmes (ancien droit romain), l'exclusion de la mère du droit de puissance paternelle, les règles de dévolution successorale, enfin par les formes primitives du mariage, qui tantôt affecte la forme d'un enlèvement, tantôt celle d'une vente, parfois l'une et l'autre réunies (enlèvement simulé accompagné du payement d'une somme convenue au tuteur de la femme). Ainsi acquise, la puissance maritale devait avoir le caractère d'une impérieuse domination ; la femme *in manu* (1) était, à l'égard de son mari (ou du père de ce-

(1) On sait que la *manus* pouvait s'acquérir par *coemptio*, vestige des anciennes formes du mariage.

lui-ci), dans la situation d'une fille, *loco filiæ*, et si elle se mariait *sine manu*, elle demeurait toujours soumise à la tutelle de son père ou de ses agnats. La désuétude de la *manus* et de la tutelle perpétuelle, l'affaiblissement de la *patria potestas* ne firent que mettre en relief le pouvoir que les lois donnaient au mari, comme tel, sur la personne de sa femme : même après que les empereurs lui eurent enlevé le *jus vitæ necisque*, il conserva le droit de tuer impunément l'épouse adultère, ainsi qu'un pouvoir de correction des plus rigoureux (1). Mais cette sujétion de la personne n'avait pas pour conséquence une incapacité civile; la femme romaine, la *manus* ayant cessé d'être usitée, a la même capacité que la femme non mariée; les quelques incapacités dont la femme est frappée (incapacité d'intercéder : sénatus-consulte Velléien), atteignent la fille ou la veuve comme la femme mariée. Solution rationnelle, si l'on considère l'infériorité du sexe comme la cause de ces incapacités. Cet état de choses se perpétua dans le Midi de la France jusqu'au Code civil.

Mais ce sont les institutions germaniques qui ont laissé le plus de traces dans la majorité des lois européennes. Or, dans l'ancien droit germanique, si la femme est considérée comme un être inférieur et faible, cette faiblesse même engendre pour l'homme des devoirs. La plénitude des droits est réservée aux guerriers ; la femme, ne pouvant porter les armes, est soumise à une tutelle perpétuelle (2) : seulement, tandis que la tutelle

(1) Les *Novelles* autorisent le mari à la frapper de verges, *fustibus acriter verberare*.

(2) Telle est, de nos jours, la condition de la femme chinoise : comme jadis la femme franque, la femme chinoise est toujours en tutelle, tutelle de sa famille ou tutelle du mari, et ne succède point

perpétuelle romaine est organisée dans l'intérêt des agnats, le *mondium* germanique est surtout un pouvoir de protection ; son tuteur est avant tout son défenseur, son protecteur légal. L'incapacité tenant au sexe, aucune distinction n'est faite entre la fille ou la veuve et la femme mariée, sauf que celle-ci passe de la tutelle de sa famille d'origine sous la tutelle du mari ou des parents mâles de celui-ci, s'il prédécède. Nous avons eu l'occasion d'indiquer que ces principes subsistent encore dans la législation suédoise.

Mais dans les autres États, France, Allemagne, Angleterre, etc..., les institutions d'origine germanique se sont profondément altérées : la tutelle perpétuelle et l'incapacité générale de la femme ont disparu, d'où la difficulté pour la doctrine d'assigner une base rationnelle à une incapacité qui n'atteint plus que la femme mariée. On peut cependant l'expliquer, sinon la justifier ; une première explication peut être tirée du droit canonique, qui exerça sur le développement du droit au moyen âge la plus grande influence. « L'homme n'a pas été créé pour la femme, dit saint Paul, mais la femme pour l'homme : le mari est donc le chef de la femme, les femmes doivent être soumises à leur mari. » (1re *Ép. aux Corinthiens.*) C'est donc surtout au point de vue de l'union des sexes que se placent les Pères de l'Église pour affir-

au patrimoine de famille. Elle a cependant une certaine capacité contractuelle. Au Japon, avant la Révolution de 1868, qui ouvrit ce royaume à la civilisation européenne, la femme n'avait pas d'existence légale, elle vivait sous la dépendance absolue du père ou du mari (il en est encore ainsi en Corée). Mais des lois récentes ont supprimé cette quasi-servitude, enlevé au père ou au mari le *jus vitæ necisque* et le droit de vente, que la coutume leur attribuait sur la personne de la femme, et conféré à celle-ci une certaine personnalité juridique.

mer, comme une loi *divine*, l'infériorité de la femme. C'est en effet dans l'union intime par mariage que l'existence d'un lien de sujétion unissant la femme à l'homme semble la plus naturelle : hors mariage, la puissance de l'homme sur la femme se justifie moins aisément. Aussi, du jour où les causes qui avaient fait admettre la tutelle des femmes eurent disparu, où, dans une société moins troublée, la femme non mariée put prendre place sans avoir besoin d'un protecteur légal, filles et veuves devinrent indépendantes ; seule la femme mariée demeura en puissance, parce qu'en se donnant à un homme, elle reconnaissait sa prééminence, consacrée par les lois civiles et religieuses. La puissance d'un sexe sur l'autre s'étant ainsi restreinte dans les relations de mari à femme, l'incapacité des femmes pour les actes civils dut se restreindre dans les mêmes limites ; aussi, en droit coutumier, la femme mariée seule est-elle incapable, et nos anciens légistes, Pothier, Bouhier, etc., présentent-ils à juste titre l'incapacité de celle-ci comme la conséquence directe de la puissance maritale. Ce n'est pas à dire cependant que cette incapacité soit la suite nécessaire de la puissance maritale. Nous avons vu qu'à Rome les lois consacraient la puissance du mari sur la personne de l'épouse, sans pour cela frapper celle-ci d'aucune incapacité relativement à son patrimoine ; il en est de même aujourd'hui en Autriche et en Russie, où la femme, bien qu'en puissance de mari, jouit d'une complète capacité civile. Mais certaines lois récentes, tenant compte du lien étroit qui unit ces deux institutions, les ont modifiées simultanément dans un sens libéral. Le projet de Code civil présenté par Cambacérès à la Convention, supprimait la puissance maritale et, par voie de conséquence, l'incapacité. Le Code italien, qui, ainsi que nous le verrons, a restreint l'incapacité de la femme, a modifié aussi le caractère de la puissance maritale. Tandis que l'article 213 du Code français établit nettement la prééminence du mari : « Le mari doit protection à sa femme, la femme doit obéissance à son mari », l'article 132 du Code italien, en supprimant le second membre de phrase, a élevé la femme au rang du mari. Plusieurs auteurs, parmi lesquels M. Laurent, soutiennent qu'il eût été logique de supprimer le devoir de « protection de la femme », comme le devoir « d'obéissance au mari » : la femme, dit-on, devenant l'égale de l'homme, est l'associée libre de son mari, elle a mêmes droits et mêmes devoirs, il ne faut donc pas, même sous couleur de protection, conserver un seul vestige de l'ancienne puissance maritale. Les critiques adressées au Code italien ne nous semblent pas fondées ; de ce que le mari n'est plus et ne doit plus être, dans nos sociétés modernes, le supérieur despotique, le maître et seigneur de la femme, il ne faut pas en conclure qu'il ne soit plus son protecteur. Le rôle des deux époux dans l'association est, en effet, par la nature même des choses, très différent ; le rôle actif, extérieur, est nécessairement dévolu au mari, qui, à ce titre, est toujours le *chef de la famille* (1), et doit veiller aux intérêts de la femme et des enfants, les « protéger » en un mot ; au contraire la maternité, l'éducation première des enfants, les soins domestiques sont la part de la femme dans l'association conjugale, et pour s'acquitter de cette tâche, elle doit trouver dans le mari un appui et un soutien.

Si la femme est plutôt associée que subordonnée au

(1) Cette qualité de « chef de la famille » lui est expressément reconnue par l'article 131 du Code italien.

mari, les obligations de ce dernier doivent être sanctionnées aussi énergiquement que celles de la femme. Sur ce point, la loi italienne a méconnu le principe d'égalité qu'elle avait posé, et suivi l'exemple de la loi française, qui réprime sévèrement l'adultère de la femme (article 336 du Code pénal français : emprisonnement de trois mois à deux ans) tandis qu'elle ne punit l'adultère du mari (simple amende) que s'il est commis dans la maison conjugale (1). On prétend justifier cette inégalité, en faisant observer que l'adultère de la femme peut faire entrer dans la famille des enfants adultérins et présente par suite une gravité plus grande que l'adultère du mari ; mais en réalité, cette différence de traitement procède toujours de cette idée que la femme est un être inférieur. « Il n'appartient pas, disait Pothier, à la femme, qui est un être inférieur, d'avoir inspection sur la conduite de son mari, qui est son supérieur ! » Cette distinction immorale est rejetée par beaucoup de législations, surtout par les lois des pays protestants, qui répriment également l'adultère des deux époux.

Il est facile de voir par les observations qui précèdent, que, selon le point de vue auquel se placent les diverses législations, la situation de la femme dans la famille et l'étendue de ses droits civils doivent varier profondé-

(1) La loi italienne fait la même distinction en ce qui concerne l'adultère, envisagé comme cause de divorce. Il en résulte qu'après la séparation de corps, comme il n'y a plus de domicile conjugal, l'adultère du mari devient un fait indifférent, il n'est plus ni un délit, ni une cause de divorce, tandis que l'adultère de la femme est toujours aussi sévèrement réprimé. Cette distinction a été supprimée en France, pour le divorce, par la loi du 19 juillet 1884 : mais elle subsiste en matière pénale.

ment. De là des conflits fréquents qui donnent une grande importance pratique à cette double question : quelle est la loi qui régit, en droit international, soit l'organisation de la puissance maritale, soit la capacité de la femme mariée ?

2° *Statut de la puissance maritale.* — Le Code français, bien qu'il impose à la femme le devoir d'obéissance, ne reconnaît cependant au mari aucun pouvoir de correction physique. Si la femme quitte le domicile conjugal, il ne peut employer la violence pour l'y ramener, mais doit s'adresser au tribunal, qui condamnera la femme à *réintégrer* le domicile de son mari : il est même douteux que cette condamnation puisse être exécutée *manu militari;* la jurisprudence tend à n'admettre que certains moyens de coercition indirecte (dommages et intérêts comminatoires : 100 francs, par exemple, par jour de retard). Encore la légitimité de ces moyens est-elle contestée, en sorte que l'obligation pour la femme d'habiter avec son mari n'aurait, comme l'obligation pour le mari de recevoir sa femme, d'autre sanction que la séparation de corps ou le divorce pour injure grave : singulière sanction, qui réprime l'abandon volontaire d'un des époux par l'autre en légalisant et rendant définitive cette séparation de fait. — Le droit anglais, au contraire, a conservé les rigueurs du droit féodal : si les mœurs ne permettent plus au mari de « conduire *au marché, la corde au cou* », la femme qui aurait commis quelque « grosse faute », du moins peut-il demander à la justice l'autorisation de la détenir en chartre privée ; c'est un droit de correction analogue à celui que notre Code civil donne au père sur la personne de l'enfant mineur. La loi portugaise, s'inspirant du droit canon, qui confère au mari un droit de correction corporelle, l'autorise à user envers la femme de châtiments « modérés », comme la prison domestique (1). Quelle est, en cas de conflit, la loi applicable? Bien qu'il s'agisse d'une question d'état, c'est le statut territorial qni certainement doit l'emporter : le Code pénal français punit l'emprisonnement arbitraire (séquestration) d'une peine criminelle, les coups et blessures d'une peine correctionnelle; or les lois pénales sont des lois d'ordre public, contre lesquelles ne saurait prévaloir le statut personnel d'un mari étranger. La question de savoir si la femme peut ou non être réintégrée *manu militari* au domicile conjugal est aussi de statut réel; les lois qui prohibent en cette matière l'emploi de la force, comme celles qui l'ordonnent, sont l'une et l'autre d'ordre public. Enfin, et pour les mêmes motifs, la sanction pénale de l'adultère est de statut réel ; un mari étranger coupable d'adultère hors du domicile conjugal ne pourrait pas plus être condamné en France au nom de sa propre loi, qu'un mari français, coupable du même fait, en pays étranger, ne saurait échapper à la peine édictée par la loi étrangère, en invoquant son statut personnel.

3° *De la loi qui régit l'incapacité de la femme mariée.* — C'est en cette matière que les conflits sont les plus fréquents. En droit français, la femme mariée est frappée d'une incapacité générale, l'obligeant à recourir, pour tous les actes importants de la vie civile, à l'autorisation du mari ou de justice; elle ne peut être relevée

(1) Une loi fédérale allemande du 8 août 1875 a supprimé les peines d'emprisonnement et d'amende dont plusieurs lois locales frappaient l'époux, mari ou femme, qui délaisserait son conjoint sans juste cause.

de son incapacité (1), par contrat de mariage, que pour les actes d'administration. Du reste la femme dûment autorisée, à la différence du mineur non émancipé que son tuteur représente, figure elle-même dans les actes judiciaires ou extra-judiciaires. D'après le *common law* anglo-américain, la femme mariée n'a même pas de personnalité distincte de celle de son mari, et ne peut figurer en personne dans les actes ; un *bill* récent (1870) a du reste modifié pour l'Angleterre cette législation surannée. D'après le Code italien, au contraire, l'incapacité de la femme n'existe plus qu'à titre exceptionnel. En Belgique, où notre Code civil est encore en vigueur, un courant s'établit en faveur de l'égalité complète de la femme et du mari (système préconisé par M. Laurent). Enfin, en certains pays, cette incapacité n'existe pas, comme par exemple en Autriche et en Russie. Avant d'aborder la question de la nature du statut, il nous semble utile de comparer brièvement les dispositions de notre Code avec celles du Code italien et de la loi anglaise de 1870. — Le Code italien, selon nous, a réalisé un grand progrès. Pisanelli, un des auteurs du Code de 1865, aurait voulu la suppression absolue de l'incapacité de la femme (régime suivi en Lombardie sous la domination autrichienne) ; mais le Sénat opposa son veto, et on aboutit à un article transactionnel, l'article 134, qui énumère limitativement les actes pour lesquels la femme a besoin de l'autorisation maritale : pour tous les autres actes, elle est capable ; cet article est donc la contre-partie de notre article 217, qui fait de l'in-

(1) A cette incapacité de droit commun, peut s'en ajouter une autre, résultant de l'adoption du régime dotal; mais cette question se rattache à l'étude du contrat de mariage.

capacité le droit commun (1). L'article 134 étant limitatif doit être interprété restrictivement ; la doctrine italienne en a conclu que, si la femme ne peut « donner », *id est* faire de donation solennelle, elle peut du moins faire remise de dette à titre gratuit ; que si elle ne peut aliéner ses immeubles, elle peut toutefois contracter seule, sauf à titre de caution, des obligations exécutoires sur tout son patrimoine, mobilier ou immobilier ; qu'enfin elle peut même « ester en jugement » et transiger sur les actes qu'elle est capable d'accomplir seule, intenter, par conséquent, des actions personnelles mobilières ; la femme française, au contraire, ne peut même pas ester en jugement dans la mesure de ses pouvoirs d'administration (art. 215). Si le Code italien permet à la femme mariée de s'obliger d'une manière générale, en revanche il est

(1) Article 134, Code italien : « La femme ne peut donner, aliéner des immeubles, les grever d'hypothèque, contracter des emprunts, céder ou recouvrer des capitaux, se rendre caution, transiger ni ester en justice relativement à ces actes, sans autorisation du mari.

« Le mari peut, par acte public, donner à la femme une autorisation *générale* pour tous lesdits actes (*Contrà*, art. 223, Code français) ou spéciale pour quelques-uns, mais il conserve le droit de la révoquer. » (Trad. française, *Huc et Orsier.*)

D'autre part, aux termes de l'article 135, la femme n'a besoin d'aucune autorisation : 1° si le mari est mineur, interdit, absent, ou condamné à plus d'un an de prison, pendant la durée de sa peine ; 2° si la femme est légalement séparée de corps par la faute du mari ; 3° si la femme exerce un commerce. (*Contrà* : art. 215, 221, 222, 224 combinés Code français.)

Elle a besoin de l'autorisation de justice pour les actes énumérés en l'article 134, au cas de refus du mari si elle n'est pas séparée de corps ; — ou si elle est séparée, dans le cas où la séparation a été prononcée contre elle. Mais, à la différence du droit français, jamais une femme séparée n'a besoin de l'autorisation maritale. (V. art. 136, Code italien.)

plus restrictif que notre loi sur un point, en ce qu'il la déclare incapable de toucher seule ses capitaux ou de céder ses créances ; solution plus logique que celle du Code français, qui en principe place la femme sous une tutelle étroite, et lui permet cependant, lorsqu'elle est séparée de biens ou qu'elle possède des paraphernaux, de disposer à son gré de sa fortune mobilière. (En ce sens, argument art. 1449.)

D'après la *common law* anglo-américaine, la femme mariée n'a pas seulement une capacité incomplète, rendant nécessaire, pour les actes faits par elle, le concours du mari ou de la justice ; elle est absolument incapable. Placée comme ses enfants mineurs en la garde du mari (*guardianship*), elle n'a plus de personnalité juridique, ou plutôt sa personnalité ne fait qu'une avec celle du mari : son existence légale est en quelque sorte suspendue durant le mariage ; c'est ce qu'on exprime en droit par les vieux mots normands de *feme-covert*, femme protégée, placée sous le *couvert* du mari, son seigneur et maître. La *feme-covert* ne peut contracter ni avec son mari, car le mari ne peut traiter avec *lui-même*, ni avec les tiers, car il faut exister légalement pour figurer dans un acte juridique ; elle ne peut non plus figurer dans aucune instance judiciaire[1]. Le système de l'autorisation pratiqué sur le continent est donc inapplicable ; le mari ne l'assiste pas, il la représente dans les actes judiciaires et extrajudiciaires ; il est même plus exact de dire que par le fait seul du mariage il est subrogé personnellement à tous ses droits : il devient *plein propriétaire* de la fortune mobilière de la femme (*chattels personal*) ; et maître (*freehold*) de sa fortune immobilière ; il l'administre et en jouit, et intente les procès y relatifs, le tout en son nom *personnel* ; mais il ne peut en disposer, les immeubles de la femme étant frappés d'inaliénabilité pendant le mariage. La pratique du *trust* avait, en fait, atténué les dangers qu'une telle législation présentait pour la femme : le *trust* était une donation faite à un tiers (*trustee*) avant le mariage, par la femme ou par un tiers, à charge de restitution aux mains de la femme ou de ses héritiers, à la dissolution du mariage ; par ce détour, on empêchait la fortune mobilière de la femme de tomber dans le patrimoine du mari. Mais ce système n'était pas sans inconvénients pour la femme, qui de toute façon se voyait obligée de confier à un tiers la gestion de sa propre fortune. Aussi le Parlement anglais a-t-il, par une loi récente (9 aout 1870 (1), opéré dans la condition de la femme mariée anglaise une véritable révolution ; fait d'autant plus remarquable qu'en Angleterre on procède rarement, en législation, par des changements brusques. Le *Married Women's Property Act* n'a pas complètement supprimé l'incapacité de la femme mariée, comme le réclamaient les auteurs d'un *bill* déposé en 1869, mais il l'a restreinte dans d'étroites limites. Il reconnaît en effet à la femme mariée une personnalité juridique, ayant pour conséquence un droit de propriété séparée : les salaires et gains acquis par elle, après la promulgation de la loi, dans une industrie ou une profession distincte de celle du mari, et les placements par elle faits des sommes ainsi acquises sont traités, ainsi que le mobilier qui lui échoit ab intestat, comme propriété particulière de la femme, entièrement soustraite au pouvoir du mari. De

(1) Dans la majorité des États de l'Union américaine, les principes rigoureux du *common law* sont toujours en vigueur. La Louisiane suit cependant un Code analogue au Code civil français. — Le Canada est encore régi par la *Coutume de Paris*.

plus, la femme peut désormais, par le contrat, se constituer en propre, en valeurs mobilières désignées par la loi (1), une fortune mobilière dont elle se réserve l'entière et libre disposition. Mais si, à l'égard des biens ci-dessus désignés, la femme mariée est traitée comme *feme-sole* (fille ou veuve), elle n'en demeure pas moins *feme-covert*, et, comme telle, incapable pour tout ce qui concerne ses immeubles, présents ou à venir, et même pour les valeurs mobilières qui lui adviendraient pendant le mariage par donation ou testament (2). Ainsi, depuis l'acte de 1870, tantôt elle est pleinement capable, tantôt frappée d'une incapacité absolue dont elle ne peut être relevée par aucune autorisation ; mais le domaine de cette incapacité est restreint de telle sorte, qu'aujourd'hui une femme anglaise non séparée de corps (la femme séparée est pleinement capable) peut faire des actes qu'une femme française, même séparée, ne peut accomplir seule : par exemple, ester en justice relativement à ses propres (acquêts ou bien réservés par contrat), ou faire des dépôts d'argent à la caisse d'épargne et demander le remboursement de son livret sans l'assistance du mari. Sur ce second point cependant, une réforme a été opérée en droit français : la loi du 9 Avril 1881, créant les caisses d'épargne postales, a relevé les mineurs et femmes mariées, en ce qui concerne les dépôts à ces caisses, de leur incapacité générale. Presque tous les États européens

(1) Ces valeurs sont : les dépôts de caisses d'épargne, fonds publics, actions entièrement libérées dans les sociétés par actions, ou de prévoyance, de secours mutuels ou de crédit populaire, polices d'assurance sur la vie de la femme ou celle de son mari.

(2) Les tiers peuvent cependant, en observant certaines conditions que nous ne pouvons indiquer ici, soustraire au droit du mari le mobilier dont ils gratifient la femme.

avaient en cette matière devancé la France ; aussi ne nous associons-nous pas aux critiques des jurisconsultes qui, au nom des principes, demandaient le maintien absolu de l'incapacité jusqu'à la refonte générale de notre système législatif sur la condition juridique de la femme mariée : s'il eût fallu refaire tout un chapitre du Code pour y encadrer une réforme de détail destinée à favoriser une institution de prévoyance inconnue en 1804, bien des années se fussent écoulées avant son adoption. Il est seulement regrettable que la législation des caisses d'épargne anciennes n'ait pas été mise en harmonie avec celle la la caisse nationale. L'article 6 *in fine* de la loi de 1881 décide que les « femmes mariées, quel que soit le régime de leur contrat de mariage, seront admises à se faire ouvrir des livrets sans l'assistance de leurs maris; elles pourront sans cette assistance retirer les sommes inscrites aux livrets ainsi ouverts, sauf opposition de la part de leurs maris. » Les dépôts faits par une femme commune ne deviennent pas, d'ailleurs, la propriété de la femme; c'est dans l'intérêt commun qu'elle place les économies réalisées par elle sur les sommes affectées aux charges du ménage. Aussi a-t-il été affirmé dans la discussion de la loi que le mari pourrait à son gré retirer les fonds déposés, et qu'il aurait le droit d'empêcher la femme d'en opérer le retrait. Il est fâcheux qu'on ait à ce point respecté la puissance maritale. Sans doute, on ne pouvait, comme en droit anglais, soustraire entièrement les dépôts faits par la femme au pouvoir du mari, la nature du régime de communauté y faisant obstacle; mais du moins aurait-on pu, dans l'intérêt de la famille, adopter une disposition analogue à celle de la loi belge sur les caisses d'épargne (1). Cette loi, préludant peut-être ainsi à une réforme générale qui associerait la femme, en sa qualité de copropriétaire, à l'administration des biens communs, lui a confié la gestion des valeurs épargnées par elle, en décidant : que, d'une part, le mari ne pourrait retirer les dépôts faits par sa femme, et que, d'autre part, l'opposition du mari au retrait par la femme pourrait être levée par le juge de paix.

La loi française frappant la femme d'une incapacité générale, doit-elle prévaloir au nom de l'ordre public sur le statut personnel de la femme étrangère ? La comparaison que nous avons établie entre la loi française, et les lois anglaise et italienne en particulier, a démontré l'importance pratique de cette question, dont la solution pour nous est certaine ; il n'y a pas lieu de déroger au principe *du statut personnel*. On a cependant, en faveur de la réalité du statut, fait intervenir les *bonnes mœurs* et cité à l'appui ces paroles de Bouhier : « Les bonnes mœurs et l'honnêteté publique ne permettent pas à la femme d'avoir communication d'affaires avec autrui, pour éviter suspicion (2). » On comprend difficilement que des jurisconsultes allèguent des motifs aussi puérils : si la vertu des femmes françaises était si chancelante, il eût fallu leur défendre de figurer elles-mêmes dans les actes, de représenter la communauté pour les affaires de ménage, de stipuler par contrat le droit d'administrer elles-même leur fortune, etc. ; or tout cela leur est permis. On invoque alors d'autres raisons : l'inexpérience de la femme en affaires, pouvant compromettre

(1) Les Chambres françaises rejetèrent, en 1881, un amendement de M. Bozérian, inspiré de la loi belge.

(2) Bouhier, *Observ. sur la Cout. de Bourgogne*, chap. XIX, nos 46-51.

les intérêts de la famille, justifierait le pouvoir prépondérant donné au mari, réputé plus compétent que sa femme, pour tout ce qui concerne les actes juridiques relatifs au patrimoine. La raison est-elle suffisante pour légitimer une dérogation aux principes ? Que l'on protège les femmes ou les familles françaises, que l'on sauvegarde les droits des maris français, rien de plus légitime : mais pourquoi offrir aux maris étrangers des droits, aux femmes étrangères une protection dont ils n'ont cure, et que leur loi a jugés inutiles ou même dangereux ? Pouvons-nous affirmer que notre loi soit la meilleure? Ne peut-on pas soutenir au contraire que les intérêts de la femme et de la famille seraient mieux sauvegardés si, restreignant les pouvoirs du mari, la loi conférait à la femme le droit de disposer librement de ses paraphernaux comme le mari dispose de ses propres, et de participer, sous le régime de communauté, à la gestion commune en tant qu'associée (1) ; au lieu qu'à cette heure elle n'a contre la mauvaise gestion du mari d'autre protection que la séparation de biens, moyen extrême qui suppose sa dot déjà compromise, sinon anéantie, et que, même séparée, elle ne peut disposer de ses immeubles ni ester en justice ? S'il est une institution française que nous ne devions pas imposer aux étrangers, c'est bien le régime de l'incapacité de la femme mariée, tel qu'il est organisé par le Code.

Notre ancienne jurisprudence se rallia de bonne

(1) M. Laurent, dans un avant-projet de revision du Code civil rédigé à la requête du ministère de la Justice de Belgique, a proposé la suppression de la puissance maritale et de l'incapacité de la femme mariée. La femme pourrait disposer librement de ses paraphernaux; sous le régime de communauté, elle participerait à la gestion des affaires « sociales », et le mari serait obligé d'obtenir son consentement pour aliéner ou hypothéquer le fonds commun.

heure au principe de la personnalité du statut établissant une incapacité générale (mineur, interdit, femme mariée); mais elle considéra longtemps comme de statut réel les lois dérogeant à un état général de capacité ou d'incapacité (exemple : sénatus-consulte *Velléien*, interdisant aux femmes capables en principe dans les pays de droit écrit, d'intercéder pour autrui; ou coutumes autorisant la femme mariée, incapable en principe, à tester sans autorisation maritale). Le Parlement de Paris, finit par renoncer à cette distinction arbitraire, pour appliquer à toutes les questions de capacité la loi du domicile des parties. Depuis le Code civil, certains arrêts ont admis le système de la réalité du statut, au moins en ce qui concerne les incapacités spéciales (1), mais les décisions les plus récentes sont toutes en faveur de la personnalité. Il a été jugé, notamment que la femme anglaise peut ester en justice (2) en France relativement à ses propres (acte de 1870), qu'elle peut se prévaloir en France d'un *trust* (3) qu'elle aurait fait avec un tiers avant son mariage, eût-elle épousé un Français; qu'une femme portugaise (4) séparée judiciairement peut ester en France, conformément à sa loi ; que, par contre, une femme étrangère incapable, d'après sa loi, de tester sans autorisation maritale ne peut tester seule en France, bien que la femme française ait ce droit.

La jurisprudence anglaise considère l'acte de 1870 comme une loi d'ordre public; ce point de vue se justifie

(1) Cass. rej., 17 juill. 1883, Dalloz, Rép., *Contrat de mariage*, n° 3914.

(2) Trib. civil Seine, 6 août 1878, Jal *Clun.*, 79, p. 62.

(3) Cass., 20 avril 1869, S. 69. 1. 359; — et Trib. Seine, 10 déc. 1880, Jal *Clun.*, 80, p. 435.

(4) Trib. Seine, 12 avril 1882, Jal *Clun.*, 82, p. 619.

par le but de cette loi, qui fut de réagir contre la puissance excessive que le mari tenait de la *common law*. Une femme française résidant en Angleterre sera donc, malgré son statut personnel, propriétaire absolue des produits de son travail et capable d'ester en justice de ce chef. Aux États-Unis, c'est aussi le principe de la réalité qui l'emporte (Story). Toutefois, Kent admet la personnalité des lois créant une incapacité générale.

En Allemagne, Savigny et la majorité des auteurs appliquent la loi du domicile.

4° *Du statut applicable au cas où les deux époux seraient de nationalité différente.* — La question du statut applicable à la capacité de la femme soulève des difficultés spéciales dans le cas où les deux époux auraient cessé d'appartenir à la même nationalité. Nous disons : « auraient cessé », car il est de principe qu'au jour du mariage la femme suive la condition du mari, prenne son nom et sa nationalité, et ce principe est consacré même par les lois qui ne soumettent la femme mariée à aucune incapacité juridique : l'unité de patrie est une conséquence logique de la communauté d'existence et d'intérêts établie par le mariage entre les conjoints, et cette patrie commune aux époux et aux enfants est nécessairement celle du mari, représentant au regard de la société la famille dont il est le chef. Seule la loi anglaise, méconnaissant ce principe, tenait pour anglaise la femme d'origine britannique mariée à un étranger, et pour étrangère la femme d'origine étrangère mariée à un Anglais ; il en résultait que la première pouvait se prévaloir d'une double nationalité, tandis que la seconde, ayant perdu sa nationalité sans devenir anglaise, se trouvait sans patrie. Mais l'Angleterre, par les statuts du 6 août 1844 et du 2 mai 1870, s'est ralliée elle-même aux principes admis par les autres lois européennes. Les divergences commencent lorsqu'il s'agit de déterminer les conditions du retour de la veuve à sa nationalité d'origine, ou les conséquences du changement de nationalité du mari. La femme d'origine française, devenue étrangère par mariage, recouvre, une fois veuve, sa première nationalité, tantôt par une naturalisation privilégiée, tantôt par le pur bienfait de la loi : il lui suffit de rentrer en France, avec l'autorisation du chef de l'État, en déclarant qu'elle veut s'y fixer; ou même, si elle y résidait déjà lors de la dissolution de son mariage, de continuer à y résider en fait, sans qu'aucune déclaration ni autorisation soit en ce cas nécessaire (art. 19); telle est du moins l'interprétation que la Cour de cassation donne de cet article (1). Le conflit est insoluble, si la loi étrangère n'autorise point une semblable abdication de la nationalité acquise par la femme lors du mariage : ce conflit, du reste, n'est possible qu'à l'égard de la femme française mariée à un étranger, car pour l'étrangère mariée à un Français, le Code civil supprime tout conflit de ce genre en décidant (art. 17) que la qualité de français se perd par la naturalisation acquise en

(1) Cass., 13 janv. 1873, S. 73. 1. 13. — Les conditions de l'article 19 ne sont même pas nécessaires si l'on suppose que la femme ait contracté un mariage annulable et qu'un jugement de nullité soit prononcé : en ce cas, elle n'aura jamais cessé d'être Française (Poitiers, 7 janv. 1845, S. 45. 2. 15). Du reste, provision est due au titre ; aussi, tant que la nullité n'a pas été judiciairement déclarée, la femme conserve la nationalité que le mariage lui a fait acquérir (Crim. Cass., 18 fév. 1819, S. 19. 1. 348). Et même, en cas d'annulation, la femme de bonne foi a le droit de conserver sa nationatité nouvelle, par application des principes du mariage putatif (Arrêt de Cass. précité).

pays étranger, ou par le fait de s'établir à l'étranger sans esprit de retour. C'est donc la loi étrangère qui détermine sous quelles conditions une femme devenue française par mariage pourra recouvrer, après la dissolution de ce mariage, sa nationalité originaire (1).

Si, au cours du mariage, le mari se fait naturaliser à l'étranger, une difficulté d'un autre ordre se présente : les effets du mariage se règleront-ils d'après la nouvelle loi personnelle du mari, ou d'après son ancienne loi qui a jusque-là régi le mariage, et qui forme toujours le statut personnel de la femme restée française? Cette question ne se pose pas dans la plupart des législations européennes ; car ces lois, pour maintenir l'unité dans la famille, étendent de plein droit à la femme et aux enfants mineurs les effets de la naturalisation acquise par le mari ; il en est ainsi notamment en Allemagne, Suisse, Autriche, Angleterre. En France, au contraire, il est de jurisprudence constante que le changement de nationalité du mari au cours du mariage ne peut modifier celle que la femme a une fois acquise par le mariage (2). Ce caractère individuel de la naturalisation est peu rationnel. Il n'est basé en premier lieu sur aucun texte précis, et les tribunaux genevois, appliquant le Code français, ont pu sans difficulté interpréter l'article 19 dans le sens de la naturalisation *collective* de la famille. De plus, il est contraire aux principes : les raisons qui font admettre l'unité de patrie au début du mariage militent en faveur du maintien de cette unité pendant tout le cours du mariage ; et si l'article 19 est, comme on l'admet communément, une loi d'ordre public à laquelle la femme ne pourrait se

(1) En ce sens : Paris, 21 mars 1862, S. 62. 2. 411 ; — Cass., 22 juill. 1863, S. 63. 1. 430.

(2) Cass., 19 juill. 1875, J[al] *Clun.* 76. p. 183.

soustraire par une clause du contrat, il est peu logique d'invoquer, à l'appui de la thèse de la naturalisation individuelle, le droit qu'aurait la femme de conserver une nationalité *librement* adoptée par elle : la vérité est que la femme est libre de ne pas se marier, mais que du jour où elle consent au mariage, elle s'oblige *ipso facto* à suivre la *condition du mari*, condition qui n'est pas immuable, et peut changer au gré du mari. Permettre à la femme de conserver une nationalité que son mari abdique, c'est rompre cette intimité étroite que crée le mariage, cette unité de sentiments et d'intérêts qui fait la force de la famille. Quoi qu'il en soit, étant donnée la théorie bien arrêtée de la jurisprudence, le conflit existe : comment le trancher? Un Français, par exemple, se fait naturaliser anglais ; sa femme est anglaise désormais pour les tribunaux d'Angleterre, mais elle demeure française (1) pour ceux de France : un tribunal français, saisi d'un litige qui met en jeu la capacité de la femme, devra-t-il résoudre cette question de capacité d'après la loi du mari (loi anglaise) ou d'après la loi de la femme (loi française)? La question est délicate. En faveur de la loi française, on peut alléguer que le mariage ayant été contracté sous l'empire de la loi française, la femme doit

(1) A moins qu'il ne soit démontré qu'en accompagnant son mari, de son plein gré, elle a entendu quitter la France sans esprit de retour : cette induction sera plus facilement admise si elle n'est point française d'origine, elle sera presque certaine si la femme est elle-même d'origine anglaise. Il y a là une question de fait que les tribunaux apprécieront ; il n'est pas nécessaire qu'elle ait obtenu des lettres de naturalisation distinctes, si le mari s'est fait naturaliser dans un pays où la nationalité du mari s'impose à la femme : il suffit que son intention d'abdiquer la nationalité française ne soit pas douteuse.

conserver, tant vis-à-vis de son mari qu'à l'égard des tiers, la situation juridique que cette loi lui a faite. Mais cet argument n'a pas grande valeur; s'il était vrai que les effets du mariage dussent être, à toute époque, régis par la loi personnelle du mari au jour du mariage, il en résulterait que, même dans le cas où les deux époux changeraient simultanément de nationalité, la femme devenue étrangère resterait incapable dans les termes de la loi française: or cette conséquence est inadmissible; car puisque le statut personnel n'est autre que la loi nationale, celui qui change de patrie doit forcément aussi changer de statut. Nous croyons, pour notre part, qu'en cas de conflit entre le statut personnel de la femme et celui du mari, c'est à ce dernier qu'il faut donner la préférence. Le mari en effet est le chef de la famille : au jour du mariage, sa loi nationale est devenue la *charte* de la famille ; en changeant de nationalité et adoptant ainsi d'autres lois, il modifie par là même la charte primitive : c'est donc cette loi nouvelle qui à l'avenir règlera les effets du mariage, et déterminera en particulier la capacité de la femme, malgré sa qualité de Française (1). Il en résulte que le changement de nationalité de la femme seule, à supposer qu'il soit légal (nous examinerons la question à propos du divorce) ne saurait avoir aucune influence sur la loi qui régit les effets du mariage.

(1) Un projet de loi, coordonnant toutes les lois sur la naturalisation édictées depuis le Code, vient d'être déposé au Sénat par M. Batbie ; l'article 4 pose le principe de la naturalisation *collective*. S'il était adopté, le conflit que nous examinons disparaîtrait.

CHAPITRE IV

DE LA DISSOLUTION DU MARIAGE

Divorce et séparation de corps en droit international privé, et en législation comparée

Le mariage se dissout naturellement par la *mort* de l'un des époux. Mais plusieurs législations admettent d'autres causes de dissolution : la mort civile, l'absence, le divorce. Nous avons déjà indiqué les questions que soulèvent, en droit international, la mort civile et l'absence : il nous reste à traiter du divorce et de la séparation de corps, qualifié parfois de *divorce des catholiques*.

§ I. — CONSIDÉRATIONS GÉNÉRALES SUR LE DIVORCE

Les adversaires du divorce l'ont combattu au nom de la religion catholique, et au nom de la morale. Nous ne les suivrons pas sur le terrain religieux : dans un pays comme la France, où la loi ne reconnaît pas de religion d'État, où le mariage est sécularisé, le législateur n'a pas eu à prendre parti entre la doctrine catholique du mariage indissoluble (1), et les doctrines protestante

(1) Il convient de remarquer qu'en certains cas les catholiques peuvent, sans violer leur loi religieuse, recourir au divorce :

ou juive favorables au divorce ; sa décision a dû être dictée uniquement par des considérations d'intérêt général, indépendantes des dogmes. Or concevrait-on que presque tous les États européens aient admis le divorce, qu'après des discussions approfondies le Parlement français ait rétabli cette institution, rayée du Code civil en 1816 par une loi de réaction catholique, si elle était vraiment contraire aux bonnes mœurs et destructive des liens de famille ? On a soutenu cependant cette thèse de l'immoralité absolue du divorce, et les arguments sur lesquels on l'appuie ont déterminé le législateur italien (1) à décréter dans le Code de 1865, l'indissolubilité du mariage : nous les passerons brièvement en revue, les conclusions de cet examen devant nous servir à déterminer le caractère (réel ou personnel) des lois qui consacrent ou prohibent le divorce. Les partisans du

1° dans le cas où le mari, à la suite du mariage civil, refuserait de recevoir la bénédiction religieuse ; la jurisprudence considérant ce refus comme injure grave, l'épouse demandera le divorce précisément au nom de sa religion, qui tient pour non-avenu le mariage non consacré par l'Église. 2° Dans le cas où le conjoint catholique pourrait invoquer un cas de nullité canonique, non reconnu par le Code. Sans doute, le fait qui, d'après l'Église, est une cause de nullité, ne saurait être une cause de divorce d'après le Code, car la nullité suppose un fait *antérieur*, dont l'existence, lors de la célébration, a vicié le mariage, et le divorce, un fait *postérieur* au mariage ; mais si l'époux qui peut invoquer une nullité canonique (par exemple celui qui a épousé un prêtre, un moine, un impuissant), est en mesure de faire valoir contre son conjoint quelque grief postérieur au mariage et suffisant pour obtenir le divorce, il pourra le faire sans encourir la censure de l'Église.

(1) Un projet de loi instituant le divorce, est actuellement soumis au Parlement italien, et le rapport déposé au début de décembre 1884 conclut à l'adoption : il se peut toutefois que l'opposition de la papauté fasse échouer encore cette tentative.

divorce reconnaissent, comme ses adversaires, que l'objet du mariage est de créer entre mari et femme une communauté d'existence ne devant prendre fin que par la mort; mais ce mariage indissoluble, dont on prétend faire une réalité, ils le considèrent comme un idéal, irréalisable dans une société imparfaite. La loi n'a pas le pouvoir de faire disparaître les mauvais ménages; dès lors, pourquoi décréter une indissolubilité démentie par les faits, au lieu de chercher, dans le divorce sévèrement réglementé, un remède approprié au mal ? Il ne faut pas, sans doute, permettre aux parties de rompre leur union par une simple manifestation de volonté; et le rétablissement de la répudiation telle qu'on la pratiquait à Rome ou du divorce pour incompatibilité d'humeur admis par la loi de 1792, ne pourraient avoir que des résultats funestes. Mais dans tous les cas où un devoir *essentiel* du mariage (devoir de fidélité, par exemple) a été violé par un des époux, il vaut mieux admettre le divorce que de masquer, sous le couvert d'une séparation de corps, une rupture irrémédiable, et d'imposer à des personnes, dont la vie commune est désormais impossible, un lien qui leur est odieux. — A ce système on objecte les dangers que présenterait le divorce pour la dignité de la famille, l'avenir des enfants, l'ordre social même; et subsidiairement, on combat l'introduction du divorce chez les peuples du Midi, dont les passions vives et changeantes se donneraient, dit-on, libre carrière sans le frein du mariage indissoluble. Réfutons d'abord cet argument ethnologique, qui mérite à peine qu'on s'y arrête : fût-il démontré que les liens de famille sont plus forts et l'honneur conjugal plus respecté dans le Nord que dans le Midi, chez les Germains que chez les Latins, (et nous contestons absolument la vérité d'un tel principe pour la famille française, aussi digne de respect que la famille d'Outre-Rhin), l'introduction du divorce en pays latin aurait-elle donc pour effet d'accroître la licence des mœurs ? Est-il donc plus immoral de permettre à deux époux qu'une cause grave a désunis, de divorcer, pour contracter ensuite, chacun de leur côté, un nouveau et légitime mariage, que de laisser deux époux séparés entretenir de part et d'autre un commerce adultérin ! Du reste, si cet argument ethnologique avait quelque valeur, tous les habitants d'un même pays obéiraient à la même loi, or c'est l'inverse qui se produit dans nombre d'États où le mariage n'est pas encore sécularisé; en Autriche, au Brésil, etc., les protestants peuvent divorcer, le mariage des catholiques est indissoluble ; et cependant les uns et les autres appartiennent à la même race.

Quelle est la valeur des autres arguments invoqués ? Les adversaires du divorce retracent avec éloquence la triste situation des familles désunies, des enfants que le père et la mère s'arrachent haineusement l'un à l'autre, les scandales publics que de telles situations font naître ; mais ces maux trop réels que l'on dévoile, le divorce ne les fait pas naître, il en est la conséquence fatale, et non la cause. Voici deux époux dont la rupture est consommée ; le divorce en cette occurence sera plutôt un bien, car il mettra fin à une situation intolérable que la séparation de corps ne ferait que prolonger ; aussi est-ce au nom de la morale que l'Allemagne a admis le divorce et proscrit la séparation de corps perpétuelle, qui, supprimant la vie commune, incite les époux à vivre d'une façon indépendante, et ne leur permet pas de légitimer les liaisons qu'ils pourraient contracter. C'est dans le peuple surtout que le vice radical de la séparation apparaît avec évidence; la femme séparée n'a pas le droit de se remarier, et cependant les nécessités de la vie, la promiscuité des logements d'ouvriers et des usines la forcent pour ainsi dire à chercher dans un autre homme un protecteur et un soutien ; ces unions, parfois plus heureuses et plus durables que la première, sont cependant marquées, par les lois qui prohibent le divorce, d'un stigmate déshonorant. C'est en grande partie pour rendre le divorce accessible au peuple, qu'un statut du parlement anglais a enlevé, en 1857, la connaissance des causes matrimoniales aux cours ecclésiastiques, qui n'admettaient que la séparation, pour l'attribuer à la Cour des divorces (1). Jusqu'à cette époque, le divorce était demeuré le privilège de l'aristocratie, car il ne pouvait être prononcé que par le Parlement à la suite d'une procédure des plus coûteuses.

Ainsi, au point de vue social, le divorce est préférable à la séparation de corps: on aurait beau améliorer l'institution, restituer à la femme séparée (2) la capacité d'une femme non mariée, à l'exemple de la loi anglaise (ou de la loi italienne pour le cas de séparation au bénéfice de la femme), on ne parviendrait pas à supprimer le vice de la séparation perpétuelle, qui est de faire obstacle à un

(1) Cette Cour n'est pas une juridiction spéciale, mais une simple division de la Haute-Cour, *Cour des Probates*.

(2) Un projet de loi vient d'être déposé au Sénat, par MM. Batbie, Allou et J. Simon, tendant : 1° à étendre et préciser les cas de nullité de mariage, 2° à améliorer la condition de la femme séparée de corps. Le projet ne supprime pas son incapacité, mais l'autorise à demander *directement* au tribunal, par requête, toutes les autorisations qui lui sont nécessaires, *sans obligation préalable* de s'adresser à son mari.

second mariage, alors qu'elle facilite les liaisons illicites. Ce prétendu vice, objecte-t-on, est précisément ce qui fait la supériorité de la séparation ; le lien conjugal subsistant, on peut toujours compter sur une réconciliation, que le divorce rend à jamais impossible. L'argument n'est pas concluant; ces réconciliations, en fait, sont bien rares, et d'ailleurs rien n'empêche d'autoriser la réconciliation entre époux divorcés. Aux termes du nouvel article 295 du Code civil, bien préférable à l'ancien qui interdisait ce rapprochement, les époux divorcés pourront se réunir, à condition qu'aucun d'eux n'ait, depuis le premier divorce, contracté un second mariage suivi d'un second divorce: la loi a voulu, par cette restriction, prohiber les *mariages à l'essai* qui compromettraient la dignité du mariage. D'autre part, les époux divorcés une première fois, puis réunis, ne pourront plus divorcer une seconde: *Divorce sur divorce ne vaut*. — Enfin, un des principaux arguments des adversaires du divorce est tiré de la situation faite aux enfants par le divorce de leurs parents. Cette situation est triste, nous ne le contestons pas ; mais on oublie qu'elle existe aussi en cas de séparation de corps. Sans doute, il est désirable que les parents ayant des enfants se fassent des concessions mutuelles, et oublient dans l'intérêt de ceux-ci leurs torts réciproques ; mais si leurs relations sont telles, qu'une rupture s'impose, la séparation de corps aura, comme le divorce, pour résultat nécessaire l'attribution des enfants à un seul des conjoints, ou le partage entre les deux. Les enfants d'époux séparés n'ont pas à craindre, peut-on dire, de se trouver en contact avec une famille nouvelle, où ils seront traités comme des étrangers. Ceux qui raisonnent ainsi oublient que l'une des causes les plus fréquentes de séparation est l'adultère, et qu'il est plus pénible cent fois pour un enfant de trouver au foyer de son père une concubine ou chez sa mère un amant, que de voir ses parents se remarier l'un et l'autre. — L'objection fondée sur l'intérêt des enfants n'est donc pas concluante, et les chambres françaises ont agi sagement en repoussant l'amendement Eymard-Duvernay, n'admettant les époux divorcés à contracter un nouveau mariage que « s'ils *n'ont pas* d'enfants ». Une telle loi, offrant une sorte de prime à la stérilité, est inacceptable : si le divorce est illégitime, qu'on l'interdise à tous; s'il est légitime, qu'on lui fasse produire plein effet toutes les fois qu'il existe une cause légale de divorce, car on ne saurait admettre de situation mixte entre la séparation de corps et le divorce.

§ II. — LA LOI DU DIVORCE FORME-T-ELLE UN STATUT RÉEL UO PERSONNEL?

Cette question est une de celles qui ont soulevé le plus de controverses. Théoriquement, il semble rationnel de soumettre à une loi unique, la loi personnelle des parties, les conditions de validité intrinsèque du mariage, ses effets et ses modes de dissolution : le divorce modifie l'état des époux, met fin à la puissance maritale et à l'incapacité de la femme; l'article 3, 3e alin., est donc applicable *in terminis*. Ce raisonnement serait irréfutable si le statut personnel n'était pas subordonné au respect de l'ordre public; or, en l'espèce, n'est-il pas contraire à l'ordre public d'un État qui prohibe le divorce d'autoriser les étrangers à divorcer, ou à l'ordre public d'un État qui l'admet, d'exclure les étrangers du bénéfice d'une institution jugée conforme à l'intérêt général? L'affirmative a en doctrine de très nombreux partisans : nous croyons cependant qu'en raison, et abstraction faite du droit positif, la personnalité du statut est préférable. Lorsqu'une question d'état est en jeu, le statut personnel doit s'appliquer toutes les fois qu'un motif grave d'intérêt général n'y met obstacle ; or, ainsi que nous l'avons démontré en répondant aux objections que soulève la loi du divorce, ni le divorce, ni la séparation de corps ne présentent ce caractère d'immoralité flagrante, dangereuse pour l'ordre social, qui s'attache, par exemple, aux lois autorisant la polygamie. De deux pays également civilisés, et dont les principes en fait de morale ne diffèrent pas sensiblement, l'un admet le divorce et non la séparation, l'autre suit une règle inverse : dans ces conditions, chaque État ne peut donner aux conflits une meilleure solution qu'en appliquant aux étrangers leur loi personnelle, afin qu'en retour le statut de ses propres sujets soit respecté à l'étranger. Le tribunal saisi par un étranger d'une instance en divorce, devrait donc se référer, en principe, non pas à la loi territoriale, mais à la loi nationale des parties, et vérifier : 1° si cette loi admet le divorce ; 2° pour quelles causes.

Si du domaine de la théorie nous passons au droit positif, nous devons constater que le principe de la réalité du statut l'emporte dans la plupart des États. — Commençons par la France. En France, la thèse de la personnalité est la plus conforme à la loi nouvelle du 29 juillet 1884 ; celle-ci, en effet, ayant rétabli le divorce en maintenant concurremment la séparation de corps perpétuelle, l'argument basé sur l'immoralité de l'une ou l'autre de ces institutions n'a aucune valeur en droit français. Même avant cette loi, la personnalité pouvait être admise. La question ne fait aucun doute en ce qui concerne le Français à l'étranger ; le divorce qu'un

Français aurait obtenu d'un tribunal étranger, en violation de sa loi personnelle, ne saurait produire aucun effet (1) en France (art. 3, 3°, C. C.). La situation des étrangers en France soulevait plus de difficulté. Plusieurs cours avaient, au nom de l'ordre public, refusé à l'étranger divorcé dans son pays le droit de contracter mariage en France; mais en 1860 (2), la Cour de cassation, sur les conclusions du procureur général Dupin, réforma un arrêt de la Cour de Paris qui avait statué en ce sens. La Cour de Douai étant revenue à l'ancienne jurisprudence, son arrêt fut cassé (3) par les mêmes motifs. En effet, ainsi que le fit remarquer le procureur général, le divorce n'est pas immoral à ce point qu'on ne doive en tenir aucun compte lorsqu'il a été régulièrement prononcé à l'étranger; c'est moins au nom de la morale que de la religion catholique que le divorce fut supprimé en 1816, et les partisans de cette loi eux-mêmes n'osèrent pas interdire le mariage aux époux divorcés avant 1816, sous l'empire du Code civil; or la situation des étrangers divorcés dans leur pays est identique à celle des Français divorcés en France antérieurement à la loi qui supprima le divorce. — Si la loi du divorce est personnelle, il faut aussi en conclure que les juges d'un pays où le divorce est prohibé doivent néanmoins le prononcer entre étrangers, conformément à leur loi. Cependant, bien que la question ne se soit jamais présentée en pratique, nos tribunaux se déclarant incompétents pour les procès entre étrangers, il est certain que ces mêmes tribunaux, s'ils eussent statué au fond sur une demande

(1) Trib. Seine, 7 février 1882, J[al] *Cl.* 82. p. 88.

(2) Cour de Cass., 28 févr. 1860, S. 60. 1. 20.

(3) Cass., 15 juillet 1878, Dalloz. 78. 1. 340.

en divorce formée par un étranger (1), auraient rejeté la demande. Leur doctrine sur ce point est formulée dans ces considérants de la Cour de Paris : « Attendu qu'on ne saurait assimiler une demande nécessitant l'application par le juge français d'une loi étrangère contraire à la loi française, à l'action d'un étranger qui, après avoir fait fixer par les tribunaux de son pays un état que la loi française ne lui aurait pas reconnu (par exemple, état d'époux divorcé), ne demanderait à la justice française que d'apprécier les conséquences de cet état judiciairement déclaré » (2). En un mot, le tribunal français pourrait bien reconnaître la situation faite à l'étranger par le divorce, mais non pas intervenir activement et créer lui-même cet état d'époux divorcé. Cette distinction s'impose-t-elle réellement? On a le droit d'en douter, et MM. Merlin et Troplong ont formellement déclaré que, selon eux, un tribunal français pouvait prononcer le divorce de deux étrangers (question de compétence réservée) en conformité de leur statut personnel. M. Troplong invoque en ce sens l'ancien droit : en effet, les tribunaux de l'ancien régime statuaient sur le divorce des Juifs en cas de contestation (sentence du Châtelet, 10 mars 1779). Pourquoi admettre un système moins libéral, alors que le catholicisme a cessé d'être religion d'État? — Quoi qu'il en soit, depuis la loi nouvelle, cette difficulté est levée : abstraction faite de la ques-

(1) On peut supposer une demande formée par un étranger domicilié en France avec autorisation du gouvernement; cette autorisation le rend justiciable de nos tribunaux dans les mêmes conditions qu'un Français.

(2) Cour de Paris, 2 août 1866, D. 67. 2. 41. Cet arrêt statuait sur une action en recherche de paternité, mais ses considérants sont généraux et applicables à une demande en divorce.

tion de compétence, il nous paraît certain que la justice française doit prononcer le divorce entre les étrangers, ou le leur refuser, suivant que leur loi nationale l'admet ou le prohibe (1); ici encore c'est de la nationalité seule, et non du domicile, que l'on doit tenir compte.

La loi de 1884 n'a pas supprimé toute cause de conflit entre le Code et les autres lois consacrant le divorce; en effet ces lois diffèrent sur les *causes* de divorce, d'où cette seconde question connexe à la précédente : Un Français peut-il divorcer à l'étranger pour *des causes non reconnues* par sa propre loi, ou un étranger divorcer en France pour des causes que *sa loi seule* admet? Avant de résoudre cette question, et pour en bien marquer l'importance, il est utile de comparer brièvement notre loi aux principales lois étrangères.

Comparons d'abord la loi du 29 juillet 1884 au Code civil de 1804; la question nous intéresse au point de vue international, puisque le Code Napoléon est encore observé en Belgique, dans les Pays-Rhénans, et dans l'Alsace-Lorraine, où une loi d'Empire du 27 novembre 1873 remit en vigueur le divorce du Code.

Le législateur de 1884 s'est efforcé de n'admettre le divorce qu'en cas de violation d'un devoir *essentiel* découlant du mariage; aussi a-t-il supprimé le divorce « par consentement mutuel », que le Code civil de 1804 avait cependant entouré de certaines garanties, et subordonné à de longs délais d'épreuve. Ce divorce est en effet contraire à l'esprit de perpétuité dans lequel le mariage doit être contracté : la morale et la dignité de la famille s'opposent à ce que les époux puissent, en se mariant, se réserver en quelque sorte une *porte de sortie*

(1) La jurisprudence belge est depuis longtemps fixée dans le sens du statut personnel.

pour le temps où ils seraient las l'un de l'autre. On objecte qu'au fond ce divorce, tel qu'il est organisé par le Code, cache une cause déterminée que les deux parties s'accordent à ne pas dévoiler, pour éviter le scandale; mais en cette matière une présomption est insuffisante : c'est sur des faits précis, constituant bien réellement une cause de divorce, que le juge doit statuer. Au surplus, la loi de 1884, pour obvier à la suppression du divorce par consentement mutuel, a mis fin à cette publicité scandaleuse dont la presse entourait les procès en séparation, en interdisant « la reproduction des débats sur les instances en divorce ou en séparation de corps », sous peine d'une amende de 100 à 2000 francs (art. 3).

Quant au divorce pour cause déterminée, la loi de 1884 a reproduit le Code, sauf deux modifications: — Premièrement, l'adultère du mari est assimilé à l'adultère de la femme, tandis qu'aux termes de l'article 230 il n'était une cause de divorce que s'il était commis dans le domicile conjugal. Cette assimilation, consacrée par plusieurs autres lois, a soulevé de nombreuses critiques; on l'accuse de faciliter le divorce, en offrant aux époux un moyen facile de se procurer une cause de divorce, quand ils n'en ont pas de sérieuse. Mais la valeur de l'objection est très-contestable ; il est certain que la nouvelle loi sauvegarde mieux que l'ancienne la dignité de la femme, et non moins certain que peu de femmes se prêteraient à la honteuse comédie de l'adultère du mari, pour couvrir d'une cause légale un divorce concerté ; les juges ont du reste un grand pouvoir d'appréciation, et n'admettent le divorce que si les motifs allégués leur semblent sérieux (1). Au surplus, la loi nouvelle n'innove

(1) On pourrait peut-être adopter en France un système analogue

pas autant qu'il paraît, la jurisprudence considérant comme une injure grave l'adultère du mari, commis hors du domicile conjugal, du moins lorsqu'il est *notoire*. Les lois italienne et espagnole consacrent législativement, sur l'adultère du mari envisagé comme cause de séparation, une théorie semblable à celle de nos tribunaux. La loi anglaise paraît ne tenir compte de l'adultère du mari que s'il revêt un caractère de gravité exceptionnelle, s'il est compliqué par exemple des crimes de rapt, de viol, de bigamie.

Les excès, sévices ou injures graves sont, comme l'adultère, une cause de divorce des plus légitimes. On ne peut obliger à la vie commune deux personnes dont l'une a peut-être menacé l'autre de mort, ou l'a offensée assez gravement pour rendre presque impossible une réconciliation. Une injure morale peut, selon les circonstances, présenter un caractère aussi grave qu'une violence physique ; aussi la loi française qui laisse sur ce point au juge une entière liberté d'appréciation, est-elle préférable à la loi des Pays-Bas, par exemple, qui exige que les sévices exercés par l'un des époux sur l'autre aient mis ce dernier en danger de mort.

Enfin, troisième et dernière cause admise par la loi de 1884 : la condamnation de l'un des époux à une peine afflictive *et* infamante. Le Code attachait le même effet à une peine simplement infamante, comme le bannisse-

à celui du droit anglais : un acte du Parlement, en 1878, a établi, entre le jugement déclarant qu'il y a lieu à divorce (ou à séparation) et la sentence définitive le prononçant, un délai déterminé pendant lequel les tiers, et le *Queen's Proctor* au nom de l'ordre public, sont admis à démontrer que le demandeur ou même les deux époux sont coupables de dol, et que, par suite, le divorce ne doit pas être prononcé.

ment ou la dégradation civique, peines politiques : la loi nouvelle a exigé avec raison la réunion des deux caractères de peine afflictive *et* peine infamante : il eût même été plus rationnel de restreindre l'article 232 aux seules peines de droit commun, les crimes politiques ayant un caractère d'immoralité plutôt relative, et les condamnations encourues de ce chef ne portant pas nécessairement atteinte à l'honneur du condamné. Sous cette restriction, il est juste de ne pas infliger à un époux innocent la honte, sinon de vivre avec un criminel, du moins d'être uni à lui par un lien légal. Un individu condamné à une peine criminelle revêt en quelque sorte une personnalité nouvelle, et de même qu'il serait juste (bien que la loi française s'y refuse) de déclarer annulable le mariage contracté par erreur avec un forçat, de même il est équitable d'autoriser l'époux innocent, dont le conjoint serait frappé au cours du mariage d'une pareille condamnation, à demander le divorce pour ce seul fait.

Ces trois causes de divorce sont en même temps des causes de séparation de corps perpétuelle, la loi de 1884 ayant maintenu cette institution pour les époux qui ne veulent pas recourir au divorce, en particulier pour les catholiques. Sa suppression, réalisée déjà en certains pays, compte cependant en France un certain nombre de partisans : on allègue en ce sens les vices de la séparation de corps, qui crée entre les époux une situation fausse que seule la mort peut dénouer, et on ajoute « qu'une loi n'admettant que le divorce ne violerait pas la liberté de conscience, car elle n'empêche pas les catholiques de considérer leur union comme subsistant au point de vue canonique, et ne les oblige pas à se remarier ; cette liberté est bien plutôt violée par une loi qui refuse le divorce au non-catholique pour respecter les convictions de son époux catholique. » Il est certain qu'on pourrait à bon droit attaquer une loi qui, pour admettre ou refuser le droit de divorce, consulterait la religion des parties ; mais dès l'instant que notre loi admet tout conjoint, sans distinction de cultes, à réclamer le divorce, elle ne viole la liberté de personne en autorisant l'époux à demander la séparation au lieu du divorce; cette option légale n'a rien que de très légitime. — Au reste, il résulte de l'article 310 que cette séparation perpétuelle n'est bien souvent qu'un acheminement au divorce. Nous devons dire quelques mots de cet article, qui a soulevé de nombreuses discussions : L'ancien article 310 autorisait l'époux condamné sur la demande en séparation (sauf la femme adultère), à demander après trois ans la *conversion* de la séparation de corps en divorce ; le tribunal était *obligé* d'accéder à la demande, si le demandeur originaire ne consentait à reprendre immédiatement la vie commune. Le nouvel article, au contraire, a supprimé ce singulier privilège accordé à l'époux coupable, et donné aux deux époux le droit de réclamer la conversion au bout de *trois* ans ; mais en revanche, il a conféré au juge un libre pouvoir d'*appréciation* : au lieu d'être obligé de prononcer le divorce, le tribunal admet ou rejette la demande suivant les circonstances, en tenant compte des motifs (1) qui ont pu dicter la demande, des chances de réconciliation qui peuvent encore exister... Nos tribunaux ont déjà usé de ce pouvoir, qui leur permet de n'admettre le divorce que si la rupture entre les deux conjoints leur paraît définitive. Cette possibilité de

(1) Tribun. Seine, 16 août 1884, journal *la Loi*, 20 août.

convertir la séparation de corps en divorce à l'expiration d'un certain temps d'épreuve a soulevé des critiques; on a fait observer que la loi maintenant le *divorce des catholiques* à côté du vrai divorce, ne devait pas rendre sa concession illusoire en exposant l'époux catholique, qui a demandé la séparation de corps pour éviter le divorce, à subir ce divorce dans l'avenir. Cette critique serait fondée si la qualification de « divorce des catholiques » était exacte, mais elle ne l'est pas : le grand nombre des catholiques français a pu influer en fait sur le maintien parallèle de deux institutions, mais aucune d'elles n'a et ne peut avoir un caractère confessionnel.

Tel est, en résumé, le droit français sur le divorce. Le petit nombre des causes du divorce dans notre loi peut donner lieu à des conflits avec les lois étrangères. Il est d'abord une cause de divorce admise dans presque tous les pays voisins, c'est l'*abandon volontaire* ou *malicieux* d'un époux par l'autre ; cause très légitime, car il y a dans un tel abandon la violation d'un devoir essentiel. Notre Code cependant ne l'admet pas ; il est vrai qu'on peut faire rentrer ce fait dans la catégorie des « injures graves ». Mais il existe bien d'autres sources de conflits ; car si les États du sud de l'Europe et l'Angleterre sont sévères sur l'admission du divorce ou de la séparation de corps, les pays allemands au contraire admettent généralement le divorce avec une extrême facilité.

En Italie, en Espagne, en Portugal, le divorce est prohibé. La séparation de corps perpétuelle, seule admise, l'est pour les mêmes causes qu'en droit français, et pour une quatrième cause, l'abandon. A ces causes, le Code italien ajoute le refus par le mari d'avoir une résidence fixe ; ce même Code, à l'inverse de notre droit, admet la séparation par consentement mutuel. Cette séparation amiable, simplement homologuée par la justice, faciliterait, dit-on, les réconciliations; nous croyons qu'en fait elle facilite plutôt la désunion des ménages. — Nous avons déjà eu l'occasion de mentionner l'influence de la séparation sur la capacité de la femme italienne. En Espagne, la séparation de corps n'entraîne pas séparation de biens, quand elle est prononcée contre la femme : le mari conserve la gestion et la jouissance de ses biens, et la femme coupable est réduite à des aliments.

Depuis l'acte de 1857, démocratisant le divorce, tout Anglais peut obtenir de la justice civile (*cour des Probates*) le divorce ou la séparation de corps perpétuelle, à son choix, pour l'une des trois causes suivantes : 1° adultère (sauf restriction pour le mari), 2° *cruelty* (sévices, excès), 3° désertion pendant deux ans. — Depuis la Réforme, c'est-à-dire depuis le XVIe siècle, l'Ecosse a admis le divorce pour adultère ou pour abandon. En Irlande, le mariage catholique est indissoluble. En certaines colonies anglaises, le divorce n'est admis que pour adultère ou abandon, les sévices sont simplement une cause de séparation de corps. (Rapprocher cette loi de notre article 257, qui autorise le juge, en cas de demande en divorce, fondée sur excès, à prononcer une séparation provisoire, à titre d'épreuve.) — Il est de jurisprudence en Angleterre qu'on ne doit prononcer ni le divorce, ni la séparation, lorsqu'il y a réciprocité de torts (par exemple, si les deux époux sont coupables d'adultère); en France, le divorce serait prononcé *contre* les deux.

Aux États-Unis, certains États ont conservé l'indissolubilité anglaise d'avant 1857, le divorce ne pouvant pas être prononcé par les tribunaux, mais par le Parlement seul. La plupart ont cependant établi le divorce judiciaire pour les mêmes causes qu'en Angleterre, et pour intempérance habituelle. Les tribunaux prononcent à leur choix, suivant l'importance des griefs, le divorce ou la séparation de corps, soit temporaire, soit perpétuelle ; les jugements de divorce s'obtiennent en général très aisément, si bien qu'on a pu dire que les mariages aux États-Unis se faisaient et se défaisaient avec une égale facilité.

Les États *Slaves,* Russie, Monténégro, Serbie, Roumanie, et *Scandinaves*, n'admettent pas la séparation de corps perpétuelle ; ils ne connaissent que le divorce. Le code Russe n'autorise le divorce que pour les trois causes suivantes : 1° adultère ; 2° condamnation d'un des époux à une peine emportant privation « de tous les droits de condition » (le conjoint d'un déporté en Sibérie pouvant renoncer au bénéfice du divorce et suivre le condamné en exil ; 3° absence de l'un des époux. Nous avons déjà, à propos de l'empêchement de bigamie, signalé certaines lois qui font plutôt de l'absence une cause de dissolution *sui generis* qu'une cause de divorce. En Russie, l'absence est vraiment une cause de divorce, et rien de plus : le conjoint de l'absent ne peut en effet se remarier sur une simple homologation de justice non contentieuse, il est obligé de suivre la procédure ordinaire du divorce ; le tribunal (ecclésiastique pour les orthodoxes, civil pour les autres), ordonne une enquête, vérifie si le délai de cinq années, ou de dix ans pour les militaires disparus, est expiré, et, cette vérification faite, conserve encore le pouvoir de rejeter la demande, s'il estime que la conduite de l'époux délaissé a déterminé le départ de l'absent. — On avait proposé, lors de la discussion de la loi de 1884, de faire de l'absence une cause de divorce ; le Parlement français a repoussé avec raison cette disposition ; car, dès qu'il n'est point démontré que l'absence est volontaire, que l'abandon est « malicieux », on ne peut reprocher à l'absent d'avoir violé aucun de ses devoirs : l'époux présent lui doit donc fidélité.— La loi russe est la loi-type dont se rapprochent plus ou moins les lois des autres pays slaves. La Roumanie, mi-slave, mi-latine, a, dans son Code de 1864, inscrit les causes de divorce du Code français, en y ajoutant l'attentat à la vie d'un des conjoints par l'autre : addition inutile, puisque ce fait rentre au premier chef dans la classe des sévices ou excès.

Les lois de la Suède et de la Norwège sont plus favorables au divorce que le Code russe. La loi suédoise considère notamment comme une cause de divorce la démence incurable, à moins qu'elle ne soit la suite des mauvais traitements de l'autre époux. De plus, à côté du divorce ordinaire, la loi du 27 avril 1810 a organisé un divorce *extraordinaire :* un conjoint peut demander au prince par voie de requête le divorce pour cause d'inconduite de son conjoint, et même pour incompatibilité d'humeur ; le roi statue souverainement. De droit commun, l'incompatibilité d'humeur ne motive qu'une séparation de corps provisoire, prononcée par le tribunal pour un temps déterminé, après une double tentative de conciliation devant le curé et le chapitre consistorial ; cette séparation provisoire a pour but de faciliter les réconciliations. Le Code norwégien de 1687, applicable au Danemark, admet, outre le divorce ordinaire pour les causes indiquées ci-dessus, le divorce par consentement mutuel : ce divorce doit être précédé d'une séparation provisoire à titre d'épreuve, de trois années au moins.

La loi fédérale allemande de 1875 (art. 77) a décrété le divorce, et supprimé la séparation de corps perpétuelle pour tous les États faisant partie de l'Empire ;

mais elle a laissé aux statuts locaux le soin de déterminer les causes du divorce. Cette loi a opéré dans le droit de famille une véritable révolution ; jusque-là en effet le principal État catholique, la Bavière, n'admettait que la séparation de corps, et dans les autres États, protestants ou catholiques, la séparation de corps seule était prononcée si l'époux défendeur était catholique (1). Par la loi nouvelle, mariage et divorce ont été sécularisés ; les tribunaux civils, substitués aux justices ecclésiastiques, ne peuvent désormais prononcer que le divorce ou la séparation temporaire. Les causes de séparation de corps sont devenues, dans les États du Sud, des causes de divorce ; elles sont analogues à celles du droit français, le Code badois ajoute cependant la démence. Mais les causes de divorce ont été multipliées à l'excès dans l'Allemagne du Nord, surtout en Prusse et en Saxe ; nous n'en pouvons citer la liste complète : il nous suffira de mentionner, par exemple, dans le *Landrecht* Prussien : les injures verbales et même les violences légères si les époux sont de *haute condition*, le refus obstiné du devoir conjugal, l'ivrognerie, les infirmités repoussantes, l'impuissance dont la cause est postérieure au mariage ; de plus le même Code autorise le divorce par consentement mutuel. La législation prussienne rappelle notre loi du 20 septembre 1792, et s'il faut en croire des publicistes autorisés, son influence ne serait pas moins démoralisatrice, surtout dans les grandes villes. A côté du divorce, plusieurs États admettent la séparation tem-

(1) En effet le tribunal ecclésiastique catholique, compétent si le défendeur était catholique, ne pouvait pas prononcer le divorce. Quant au divorce prononcé par le tribunal ecclésiastique protestant, il ne valait que comme séparation de corps à l'égard du demandeur catholique.

poraire ; ainsi, d'après le Code saxon, l'époux qui pourrait obtenir le divorce a le droit de demander, à titre d'épreuve, une simple séparation temporaire ; en dehors des cas de divorce, le juge peut même l'ordonner si des dissentiments graves s'élèvent entre les époux, ou pour ivresse accoutumée ; en ce dernier cas, si, passé un an à dater de l'expiration du délai de séparation fixé par le juge, l'habitude d'ivresse persiste, l'autre conjoint peut demander le divorce (1).

La loi fédérale suisse du 24 décembre 1874 est conçue dans le même esprit que la loi allemande. Elle a également sécularisé le mariage et introduit obligatoirement le divorce dans les cantons catholiques, qui ne connaissaient que la séparation de corps perpétuelle, laquelle est désormais proscrite. La loi suisse, à l'inverse de la loi allemande, règle uniformément les causes de divorce :

(1) La loi allemande de 1875 ayant supprimé pour l'avenir la séparation de corps, c'est uniquement à des séparations antérieures à cette loi que s'applique la procédure de conversion organisée par les articles 77 et 78, d'après laquelle chacun des époux séparés et non réconciliés, a le *droit* de demander au tribunal, qui *ne peut* la refuser, la substitution d'un jugement de divorce au jugement de séparation de corps ; cette procédure n'est, on le voit, qu'une mesure transitoire, destinée à liquider le passé. En droit français au contraire, la séparation étant maintenue, la conversion de l'article 310 a le caractère d'une procédure permanente, et applicable, ainsi qu'il résulte de l'article 4 *in fine* loi de juillet 1884, aux séparations antérieures comme aux séparations postérieures à la promulgation de la loi. (Trib. de la Seine, 16 août 1884, j^{al} *la Loi*, 17 août). Elle diffère de la conversion du droit allemand sur deux points essentiels : 1° La demande n'est recevable que si la séparation a duré trois ans ; — 2° même après ce délai, le nouvel article 310 laisse au juge un libre pouvoir d'appréciation, tandis que le juge allemand est obligé de prononcer le divorce.

aux causes du droit français, elle ajoute l'abandon malicieux et l'aliénation mentale. Mais, par une déplorable innovation, cette loi autorise le tribunal à prononcer la séparation, alors qu'il n'existe aucune cause de divorce, si le lien conjugal lui paraît *profondément altéré*. Cette séparation dure deux ans ; si dans ce délai les époux ne se sont pas réconciliés, le tribunal a le droit de prononcer le divorce. Bien plus, la même loi organise un divorce par consentement mutuel déguisé, en permettant au juge, lorsque les deux époux se portent demandeurs en divorce, de prononcer le divorce *immédiatement*, sans aucun délai d'épreuve, s'il lui « paraît constant que la vie commune est devenue insupportable » (incompatibilité d'humeur). Une telle législation n'a pas tardé à produire ses fruits : tandis que la Belgique ne fournit que 0,27 pour cent de divorces par rapport au nombre des mariages, la Hollande 0,41, la Saxe 2,19, la Suisse a quatre divorces pour cent mariages ! (Glasson : *Mariage civil et divorce*, p. 164 et 165.) La Hollande occupe, au point de vue des causes du divorce, une situation intermédiaire entre la France par exemple, et l'Allemagne ou la Suisse. Le Code néerlandais de 1838 n'admet que cinq causes de divorce : celles du Code civil, puis l'abandon et l'absence de dix années ; mais comme il autorise la séparation de corps par consentement mutuel, et la conversion en divorce, après cinq ans, des séparations non suivies de réconciliation (art. 255), on peut dire qu'il admet, au fond, un divorce par consentement mutuel précédé d'un temps d'épreuve.

Nous avons vu, dans notre première partie, qu'en *Autriche* le mariage confessionnel est encore la règle et le mariage civil, l'exception; il en résulte que, suivant la religion des parties, le divorce est permis ou prohibé (art. 111 et 115 Code civil) (1). Il suffit qu'un seul des époux soit catholique au moment de la célébration pour que l'union soit indissoluble : en ce cas, la séparation pour cause déterminée ou par consentement mutuel est seule autorisée. Les non-catholiques, au contraire, peuvent divorcer, mais ils ne peuvent se remarier avec des catholiques. Le Code autrichien ajoute aux causes ordinaires de divorce l'*aversion invincible*, sorte de divorce pour incompatibilité d'humeur, qui n'est d'ailleurs admis qu'à la suite de plusieurs séparations temporaires et réunions successives, démontrant que l'aversion est réellement invincible. Cette législation s'applique aux mariages protestants et aux mariages civils.

Les Juifs sont soumis à une loi spéciale ; ils peuvent aussi divorcer par consentement mutuel, mais leur loi ne reconnaît qu'une seule cause déterminée, l'adultère de la femme. — Cette pluralité de lois applicables sur un même territoire ne saurait longtemps encore être maintenue ; depuis plusieurs années, la prohibition de divorcer frappant les personnes mariées selon le rite catholique, n'est plus respectée en fait, grâce au double expédient du mariage civil et de la naturalisation en pays hongrois : l'abjuration n'étant plus un délit, les catholiques d'origine n'ont qu'à déclarer qu'ils n'appartiennent à aucun culte reconnu pour avoir le droit de se marier civilement ; s'ils se sont mariés devant un prêtre, il leur suffit de se convertir au protestantisme et de se faire naturaliser en Hongrie (2) pour tourner la prohibition ; les tribunaux ecclé-

(1) Le Brésil suit une législation identique.

(2) La naturalisation en Hongrie n'exigea jusqu'en 1879, aucune condition de résidence préalable : même depuis la loi de 1879, la condition de résidence (cinq ans) n'est pas exigée des personnes qui auraient été adoptées par des citoyens hongrois.

siastiques de Transylvanie, qui ont conservé le monopole des causes matrimoniales en pays transleithans, prononcent alors leur divorce conformément au droit ecclésiastique protestant, et les nouveaux mariages qu'ils pourraient contracter, dits *mariages transylvaniens*, sont généralement considérés comme valables, même en Autriche. (Voir sur les controverses que ces mariages ont soulevées, dans la doctrine et la jurisprudence autrichienne: Étude de M. Lyon-Caen, *Journal Clunet,* 80, p. 268.)

La comparaison que nous venons d'établir entre les principales lois européennes suffit à démontrer l'intérêt pratique de notre question : les causes de divorce sont-elles de statut personnel? En droit français, la réponse nous semble certaine : il est impossible de soumettre les causes de divorce à une loi différente de celle qui détermine l'admission ou la prohibition du divorce; on ne peut séparer le divorce en soi, envisagé *in abstracto*, des causes pour lesquelles il est autorisé. Pour le Français à l'étranger, la question ne fait pas de doute : les tribunaux français doivent annuler le divorce d'un Français à l'étranger pour une cause non prévue par sa loi personnelle, comme ils eussent, avant la loi de 1884, annulé ce divorce, quelle qu'en fût la cause.

C'est aussi le statut personnel de l'étranger qui, en principe, doit lui être appliqué en France ; il convient cependant d'excepter les causes de divorce qui seraient contraire à l'ordre public français. Quel sera le criterium ? Il faut, selon nous, rechercher si la cause invoquée par l'étranger ne porte pas atteinte aux principes mêmes du mariage, si elle ne consacre pas l'oubli des devoirs qu'il impose au lieu d'en assurer l'observation. Ainsi nous ne croyons pas qu'on puisse invoquer en France comme cause de divorce la démence, ou les maladies physiques, ou l'absence du conjoint, ces différents faits ne supposant, de la part du conjoint contre lequel on demande le divorce, aucun manquement à ses devoirs d'époux. Il est certain que jamais un tribunal français ne consentira à prononcer le divorce d'époux étrangers pour cause d'absence de l'un d'eux, bien que la loi des parties admette cette cause de divorce ; ce n'est qu'après avoir fait dissoudre ou constater la dissolution pour cause d'absence de son conjoint, par la justice de son pays, que le conjoint étranger présent pourra se remarier en France. Au contraire, nous croyons qu'on devrait admettre un étranger à demander le divorce en France pour abandon malicieux de son conjoint, une femme française à demander en Belgique le divorce pour adultère de son mari hors de la maison conjugale, car ces causes de divorce sont fondées sur la violation d'un devoir conjugal. Quelle est la nature du statut autorisant le divorce par consentement mutuel? Le divorce par consentement mutuel, pour incompatibilité d'humeur, ne peut avoir lieu en France ; un juge français ne se croirait pas autorisé à homologuer le divorce par consentement mutuel d'époux prussiens ou autrichiens, ni à prononcer le divorce entre époux suisses, sous le seul prétexte que la vie commune est devenue insupportable entre les conjoints, bien que la loi fédérale confère aux tribunaux suisses ce pouvoir arbitraire. (Il est d'ailleurs certain que si des étrangers divorcent en leur pays par consentement mutuel, ils pourront se remarier en France.) Mais le divorce par consentement mutuel du Code civil de 1804, encore en vigueur en Belgique, présente de sérieuses garanties ; il ne blesse pas la morale publique, car il est subordonné à des délais assez longs pour faire présumer l'existence d'une cause que les parties ont voulu tenir cachée. On pourrait donc le considérer comme de statut personnel; cette solution n'est pas cependant certaine, car on peut interpréter la suppression de ce mode de divorce comme une mesure d'intérêt général : le législateur de 1884 aurait entendu subordonner l'admission de tout divorce à l'existence d'une cause déterminée certaine et démontrée judiciairement.

Quant à la séparation de corps temporaire autorisée par certaines législations étrangères, sorte de temps d'épreuve facilitant une réconciliation, c'est une institution qui présente plus d'avantages que de dangers (l'article 259 du Code français l'admet dans un cas spécial : sévices), et qui par suite doit être considérée comme de statut personnel.

Les *effets* du divorce varient également suivant les pays. Nous avons déjà résolu le conflit qui peut s'élever au sujet de la puissance maritale ou de l'incapacité de la femme : mais un autre conflit est possible en ce qui concerne le droit pour les époux divorcés de se remarier. En effet, bien que le divorce dissolve le mariage, le droit de contracter une nouvelle union est le plus souvent subordonné à certaines restrictions. Quelques lois, comme la loi russe, frappent d'une incapacité absolue de se remarier l'époux contre lequel le divorce est prononcé; — d'autres, en plus grand nombre, interdisent seulement le mariage entre l'époux coupable d'adultère et son complice (art. 298 C. C.); tel est le droit commun européen, mais en Angleterre, au contraire, on considère comme un devoir, pour le séducteur d'une femme mariée, de l'épouser après le divorce de celle-ci. Autres divergences en ce qui concerne le droit pour les époux divorcés de se réunir; en Allemagne, ils le peuvent à la seule condition de procéder à une nouvelle célébration ; — en France, ce droit est subordonné à certaines conditions (art. 295 nouveau) ; — en Belgique (art. 295 ancien), cette réunion est absolument prohibée. — Enfin les lois diffèrent sur le délai imposé au conjoint divorcé (généralement à la femme seule) avant de pouvoir contracter une nouvelle union. En cas de conflit, c'est le statut personnel des parties qui est applicable ; la solution nous paraît certaine au point de vue du droit français, qui, ne sanctionnant aucun des empêchements résultant du divorce par la nullité du mariage contracté au mépris de l'un d'eux(1), a indiqué par là que ces empêchements n'étaient point des lois d'ordre public. Le mariage d'un Français à l'étranger ne saurait être annulé pour violation des articles 295, 296, 298 ; à fortiori doit-on considérer comme valable le mariage d'un étranger en France dans les mêmes conditions, alors que la loi de cet étranger n'édicte aucun empêchement semblable, ou du moins n'en fait pas une cause de nullité. Si au contraire la loi étrangère (loi russe, Code autrichien) sanctionne par la nullité les empêchements qu'elle édicte, elle suivra ses nationaux même en France, à moins qu'elle ne soit contraire à l'ordre public ; or seraient contraires à l'ordre public français : 1° La prohibition absolue de se remarier imposée à l'époux coupable, alors que celui qui a obtenu le divorce peut, lui, se remarier ; c'est une peine qui, pas plus que l'incapacité résultant de la mort civile, n'est applicable en France ; — 2° la prohi-

(1) En effet aucun de ces empêchements ne figure au chapitre des « nullités de mariage » (chap. IV). On a proposé cependant d'annuler, par analogie de l'article 170, le mariage contracté par un Français divorcé à l'étranger, s'il n'est allé à l'étranger que pour frauder la loi française et échapper aux empêchements des articles 275, etc. ; mais on ne peut admettre de nullité sans texte.

bition pour les non-catholiques divorcés d'épouser des catholiques (Code autrichien), car cette prohibition porte atteinte à la liberté de conscience.

Les déchéances pécuniaires que le divorce entraîne contre l'époux qui a été la cause du divorce (art. 299) sont aussi de statut personnel. C'est un principe admis même par les Anglo-Américains, sauf pour les déchéances qui frapperaient un immeuble sis en Angleterre ; car toute loi concernant les droits immobiliers, est, d'après la *common law*, de statut réel. En droit français, il n'y a pas à distinguer entre meubles et immeubles ; ainsi, de même que l'usufruit légal des père et mère porte sur les biens de l'enfant, en quelque lieu qu'ils se trouvent, de même la déchéance de cet usufruit doit avoir un caractère universel. Il faudrait cependant excepter de cette règle les déchéances attachées au divorce par consentement mutuel, dans le système qui considère ce divorce comme contraire à l'ordre public : par suite, l'attribution légale aux enfants issus du mariage, de la moitié des biens des époux qui divorcent ainsi (art. 310 Code de 1804, en vigueur en Belgique), serait limitée aux biens sis en Belgique, et ne s'étendrait pas aux biens qu'ils posséderaient en France.

Nous avons jusqu'ici recherché quelle doit être, en droit français, la solution des conflits. Il nous reste à indiquer les solutions admises dans les principaux pays étrangers, en Italie, Allemagne, Angleterre.

Code italien. — Ce n'est pas au nom de la religion, mais par des considérations d'ordre social que ce code prohibe le divorce ; les jurisconsultes italiens en ont conclu que les lois sur le divorce ou la séparation de corps sont de statut réel. Sans doute les tribunaux italiens annulent le divorce obtenu par des époux italiens à l'étranger, conformément à la loi étrangère, et semblent ainsi se rallier au principe du statut personnel, mais il n'en est rien : la vérité est au contraire qu'ils poussent le système de la réalité jusqu'à ses conséquences extrêmes, et refusent tout effet sur le territoire italien aux jugements de divorce prononcés par la justice étrangère même entre étrangers : des époux étrangers régulièrement divorcés dans leur pays ne peuvent se remarier en Italie. Cependant ce dernier point est controversé.

Allemagne. — La doctrine et la jurisprudence sont divisées. D'après Savigny, les considérations morales et religieuses jouent en matière de divorce un rôle trop important pour que le juge *compétent* puisse appliquer une autre loi que la loi territoriale, au nom de laquelle il rend la justice ; pour Savigny, c'est naturellement le *domicile du mari* qui est attributif de compétence. Mais ce domicile a pu changer au cours du mariage ; est-ce au juge du domicile matrimonial (celui qu'avait le mari lors du mariage) ou du domicile *actuel* des époux que la compétence appartient ? Le domicile actuel facilite la fraude ; le mari n'aura, s'il veut divorcer, qu'à porter son domicile dans un pays où le divorce est facile, et, s'il veut éviter un divorce imminent à raison de sa conduite envers sa femme, à se fixer dans un État prohibant le divorce. Quoi qu'il en soit, c'est au domicile actuel que la plupart des auteurs et des tribunaux allemands rattachent et la compétence et la loi applicable (1). Le plus

(1) Un jurisconsulte allemand, M. Bar, s'est rallié cependant au principe du statut personnel; mais cette théorie n'est pas suivie en

souvent un domicile légal n'est même pas exigé, il suffit que les époux étrangers résident en pays allemand pour avoir le droit de saisir un tribunal allemand de leur demande.

Avant la loi de 1857, établissant le divorce judiciaire on considérait comme indissolubles les *mariages anglais :* cette expression désignait tout mariage contracté en Angleterre, sous l'empire de la loi anglaise) ; aussi les cours anglaises annulaient-elles invariablement les divorces obtenus en Écosse par des conjoints mariés en Angleterre, même s'ils avaient au préalable transporté réellement et sans fraude leur domicile en Écosse : leur divorce étant nul, les seconds mariages qu'ils contractaient étaient entachés de bigamie au regard de la loi anglaise. Depuis 1857 au contraire, les cours anglaises, comme les tribunaux allemands, se sont ralliées au principe du domicile actuel ; pourvu que les époux mariés en Angleterre aient de bonne foi transporté leur domicile à l'étranger, ils peuvent divorcer selon la loi étrangère. « Le divorce, en effet, n'étant point un incident du contrat (forme) soumis à la *lex loci contractus*, mais un incident de l'état, résultant d'un acte fait en violation des devoirs se rapportant à l'état, est soumis comme tel à la loi du domicile des parties, c'est-à-dire du domicile du mari, la femme n'ayant pas de do-

pratique. — Les tribunaux allemands considérant le divorce comme de statut réel, ont plusieurs fois converti en divorce, par application de l'article 77 de la loi de 1875, les jugements de séparation de corps rendus à l'étranger entre époux étrangers, par exemple entre catholiques autrichiens. (*Du divorce en Allemagne des époux autrichiens séparés de corps*. Beauchet, *Journal Clunet*, 84. p. 271.)

micile distinct (1). » Il faut d'ailleurs excepter le cas de fraude : si le mari, pour échapper à une demande en divorce de sa femme, quitte en fraude l'Angleterre et se rend en Italie, par exemple, où le divorce est prohibé, la femme pourra néanmoins obtenir le divorce ; par contre, est nul en Angleterre le divorce obtenu à l'étranger, en Amérique par exemple, où ces sortes de divorces sont faciles à obtenir, par un mari qui a « abandonné malicieusement » sa femme en Angleterre (cour des *Probates*, 2 mai 1880); s'il se remarie, il s'expose à être condamné en Angleterre pour crime de bigamie.

Les cours des États-Unis appliquent aussi la loi du domicile actuel (*lex fori*) ; mais nombre d'entre elles ne vérifient même pas si le demandeur en divorce a vraiment son domicile ou sa résidence aux États-Unis, ou s'il n'est pas venu au contraire aux États-Unis, après avoir délaissé son conjoint, uniquement pour y divorcer et s'y remarier.

Cette opposition de doctrine entre le droit français, qui applique la loi nationale, et le droit allemand ou anglais, qui applique la loi du domicile ou de la résidence des parties, peut soulever des conflits insolubles : non pas en ce qui concerne le divorce des Anglais ou Allemands résidant en France, qui, s'il était prononcé par un tribunal français selon la loi française (2), serait tenu pour

(1) Extrait des considérants d'un arrêt d'appel de la Cour des *Probates* (juge Cotton) de janvier 1881, arrêt rapporté par M. Alexander : *le Mariage en droit international suivant la jurisprudence anglaise :* J[al] *Clunet*, 1881, p. 194. — Les Cours anglaises ne sont pas fixées sur le point de savoir si la simple résidence non passagère et non frauduleuse est attributive de compétence pour la justice locale, ou s'il ne faut pas exiger un véritable domicile légal. (Westlake : J[al] *Clunet*, 81, p. 312.)

(2) Un tribunal français, en prononçant le divorce d'époux anglais

valable dans leur pays d'origine, mais relativement au divorce des Français dans ces différents pays, pour des causes que la loi française n'admet pas. Le divorce et le second mariage qui pourra suivre seront valables à l'étranger, nuls et non avenus en France, par application de l'article 3, 3e alinéa, C. C.

La loi fédérale suisse de 1874, au contraire, a supprimé toute cause de conflit. L'article 56 de cette loi décide en effet qu'aucune action en *divorce* ou nullité relative à un mariage entre étrangers n'est recevable « s'il n'est établi que l'État auquel les époux appartiennent reconnaîtra le jugement ». Par application de ce principe, les tribunaux suisses ne prononceront le divorce d'un Belge ou d'un Français que pour une cause prévue par le Code civil ou la loi de 1884 ; ils prononceront au contraire le divorce d'époux anglais ou allemands résidant en Suisse pour toutes les causes admises par la loi suisse. Quant aux Suisses, ils peuvent divorcer en pays étranger conformément à la loi étrangère, pour des causes non admises en Suisse : cela résulte implicitement de l'article 54 de la loi fédérale, qui n'autorise l'annulation d'un mariage contracté par un Suisse à l'étranger, en violation de sa loi nationale, que s'il est aussi nul d'après la loi étrangère : or si le mariage contracté à la suite d'un divorce obtenu d'un tribunal étranger, régulier selon la loi étrangère,

selon la loi française, ne violerait pas le principe de la nationalité du statut; car c'est la loi anglaise elle-même qui déclare la loi française compétente à l'effet de déterminer les causes et effets du divorce de ses sujets résidant en France. Les tribunaux belges, qui en matière de divorce suivent le statut personnel, n'hésitent pas à prononcer le divorce des époux anglais ou allemands conformément à la loi belge.

ne peut être annulé en Suisse, on est en droit de conclure à la validité du divorce dont il est la conséquence. — En ce qui concerne la séparation de corps perpétuelle, le principe du statut personnel est au contraire écarté : le tribunal fédéral a décidé que la disposition de la loi de 1874 supprimant la séparation de corps perpétuelle était une loi de statut réel, d'ordre public. Non seulement ce tribunal a déclaré inconstitutionnel l'article 125 de la loi genevoise du 5 avril 1876, rétablissant pour les Suisses du canton de Genève la séparation de corps perpétuelle à côté du divorce (l'illégalité de cet article, dérogatoire à une loi fédérale, était évidente) ; mais il a annulé plusieurs arrêts de la cour de Genève (1), qui avaient prononcé la séparation de corps d'époux français domiciliés à Genève, par application de la loi française, statut personnel des parties. Jusqu'à la loi de 1884, les Français domiciliés en Suisse ne pouvaient donc ni agir en divorce, ni demander la séparation de corps (renvoi pour l'interprétation du traité franco-suisse).

§ III. — NATURALISATION ET DIVORCE (*procès Bauffremont*)

Deux époux changent conjointement de nationalité ; ce changement entraîne un changement de statut correspondant ; et si leur loi nouvelle autorise le divorce, ils pourront valablement divorcer, bien que leur loi originaire le prohibe. Mais on peut supposer aussi, vu la théorie de la jurisprudence sur la naturalisation indivi-

(1) V. arrêt de Genève, 21 janvier 1878, *Gazette des Trib.* 25 février 1878.

duelle, qu'un seul des époux change de nationalité au cours du mariage, d'où la question suivante : le droit de divorce est-il, lui aussi, individuel, en sorte que le mariage de l'un des époux pourrait être dissoluble au regard de l'un, indissoluble au regard de l'autre époux ? La question se complique même, si c'est la femme qui se fait naturaliser seule à l'étranger, d'une seconde question : à quelles conditions la naturalisation en pays étranger d'une femme mariée, le mari restant français, est-elle valable ?

1° *Naturalisation acquise par le mari seul.* — Un mari français s'est fait naturaliser à l'étranger, et a obtenu contre sa femme demeurée française un jugement de divorce, antérieurement à la promulgation de la loi de 1884, ou même depuis cette promulgation, mais pour une cause admise par la loi française. La femme, aux termes de son statut personnel, ne peut être considérée comme divorcée ; le mari pourra-t-il cependant, à raison de son nouveau statut, se prévaloir, en France, du divorce qu'il a obtenu d'un tribunal étranger et y contracter un second mariage ? La majorité de la doctrine répond affirmativement : « En effet, dit-on, le mari peut, sans l'assentiment de sa femme, acquérir une nationalité nouvelle, et par suite un statut personnel différent de celui de sa femme : or le droit de divorcer se rattache au statut personnel, il peut donc être individuel comme la nationalité dont il dépend. » Pour être logique en apparence, ce système nous semble néanmoins inadmissible. Les causes de dissolution, comme les effets de mariage, ne peuvent être régies que par une seule et même loi ; la raison se refuse à admettre qu'un seul et même contrat puisse être dissous à l'égard de l'un des contractants, sans l'être à l'égard de l'autre : si vraiment la loi française s'oppose, en l'espèce, à ce que la femme puisse se prévaloir du divorce prononcé à l'étranger à la requête du mari, ce divorce ne peut lui être opposable. Admettre le système du divorce individuel, ce serait créer en quelque sorte une bigamie légale ; en effet, vous légitimez cette situation immorale d'un mari, divorcé et remarié, ayant deux femmes légitimes, qui toutes deux lui doivent fidélité : la première, parce que, en sa qualité de française, elle est toujours liée par le contrat primitif, la seconde, parce qu'elle a épousé un homme régulièrement divorcé en sa qualité d'étranger ! Un système qui aboutit à de pareilles conséquences n'est pas défendable ; aussi croyons-nous, avec MM. Merlin, Labbé (1), Pasquale Fiore, que la naturalisation du mari seul à l'étranger ne peut lui permettre d'obtenir un divorce dont sa femme, comme française, ne saurait bénéficier. En un mot, le mariage est un contrat *indissoluble* si la loi d'une seule des deux parties prohibe le divorce ; et si la loi des deux contractants l'admet, il n'est dissoluble que pour les causes admises simultanément par ces deux lois.

Quoi qu'il en soit, le système que nous combattons est admis par la plupart des auteurs français, et consacré implicitement par plusieurs arrêts qui n'ont annulé le divorce obtenu par le mari dans les conditions indiquées, qu'à raison du caractère frauduleux (2) de sa naturalisation : en l'espèce, le mari n'avait abdiqué sa nationalité que pour acquérir le droit de divorcer et venir ensuite se

(1) M. Labbé, J[al] *Clunet*, 77, pp. 20 et suiv.

(2) Cass., 16 déc. 1845, Dalloz. 46. 1. 7. — Trib. Seine, 4 février 1882, J[al] *Clunet.*, 82, p. 544.

remarier en France. Si la naturalisation était sérieuse, le divorce devrait donc être considéré comme valable. Cependant la Cour de Paris, dans les considérants de l'arrêt Bauffremont, semble bien se rallier au système de la nullité absolue d'un tel divorce.

S'il est vrai que la naturalisation acquise en pays étranger par le mari ne rend pas le mariage dissoluble à son égard, d'indissoluble qu'il était, à fortiori la naturalisation acquise par la femme seule ne peut-elle avoir cet effet ; dès lors, il importe peu de rechercher si une femme mariée peut quitter la nationalité que son mari conserve, et à quelles conditions ce droit, à supposer qu'il existe, est subordonné. Cependant, comme la majorité de la doctrine tient pour valable le divorce obtenu par un époux naturalisé dans un pays où le divorce existe, et que la question soulevée par le procès Bauffremont a eu un grand retentissement, il importe de rappeler brièvement les divers systèmes auxquels elle a donné naissance ; remarquons toutefois qu'il est peu problable qu'à l'avenir, le divorce étant rétabli en France, une femme française prenne exemple sur Mme de Bauffremont. Résumons les phases de ce procès célèbre : un jugement du tribunal de la Seine, confirmé en août 1874 par arrêt de la Cour de Paris, avait prononcé la séparation de corps du prince et de la princesse de Bauffremont, à la requête de celle-ci. L'année suivante, la princesse se fit naturaliser en Allemagne, dans le duché de Saxe-Altembourg, sans avoir obtenu ni même demandé aucune autorisation de mari ni de justice (4 mai 1875) ; puis s'autorisant de l'article 77 de la loi allemande de 1875, qui admet, sur la simple demande d'un des époux, la conversion de la séparation de corps en divorce, elle épousa, le 23 octobre 1875, le prince Bibesco (un Roumain) devant l'officier de l'état civil de Berlin. Le mari forma une demande en nullité de la naturalisation et, par suite, du second mariage de sa femme, comme entaché de bigamie. Le tribunal de la Seine lui donna gain de cause, et le jugement fut confirmé par la Cour de Paris et par la Cour de cassation (1). Cette jurisprudence doit être approuvée : La femme mariée française, soumise à la puissance maritale, frappée en outre d'une incapacité générale destinée surtout à sanctionner ce droit de puissance du mari, est à ce double titre dans un état presque absolu de dépendance quant à *sa personne* et quant *à ses biens*. Or la séparation de corps ne fait pas disparaître cette sujétion de la femme; elle a le droit sans doute de se choisir un domicile distinct et d'administrer sa fortune (art. 1449 C. C.), mais en dehors de ce cercle juridique restreint, son incapacité est aussi complète que celle d'une femme non séparée. Elle ne peut seule disposer de sa fortune immobilière; à fortiori ne peut-elle accomplir sans l'autorité maritale un acte aussi grave que la naturalisation à l'étranger, acte qui menace de compromettre l'union de la famille, et qui, par le changement de statut qu'il entraîne, doit réagir sur tous les rapports juridiques où la femme peut figurer à l'avenir. Un acte semblable est même si contraire aux intérêts de la famille, que le mari ne nous semble même pas avoir le droit d'y consentir par un acte formel d'autorisation; la loi interdit en effet au mari d'abdiquer les droits qu'il tient de sa qualité de chef de famille; or ne serait-ce pas une abdication, que le fait d'un mari autorisant sa femme à se faire naturaliser dans tel pays où elle ne sera plus frappée d'aucune incapacité civile, ou

(1) C. Paris, 17 juillet 1876, S. 76. 2. 249; — Cass., 18 mai 1878, S. 78. 1. 193.

dans tel autre où elle pourra divorcer et s'affranchir du lien qui la retient en sa puissance (1)? En vain nous oppose-t-on le principe de la naturalisation individuelle: « sans doute, dit-on, une femme allemande ne pourrait pas acquérir une nationalité différente de celle de son mari, parce qu'elle est, de par la loi, considérée comme appartenant à la nationalité du mari; mais en droit français, la femme ne suit la nationalité du mari qu'au jour du mariage, et de même que celui-ci au cours du mariage pourrait devenir étranger sans que sa femme le devînt, de même, la femme doit pouvoir, sans son mari, changer de nationalité, pourvu qu'elle soit relevée de son incapacité par une autorisation régulière: mais cette autorisation doit suffire, sinon l'on transformerait la simple incapacité d'exercice qui frappe la femme mariée en une véritable incapacité de *jouissance.* » Ces raisons ne sont nullement probantes; ce qu'il faudrait démontrer, c'est que l'autorisation donnée dans de semblables conditions ne constitue pas en réalité une renonciation à des droits inaliénables; or cette démonstration n'est pas possible. Aussi la Cour de Paris, dans ses considérants, déclare-t-elle expressément que: « Vainement le mari de la princesse, resté français, lui aurait donné son autorisation expresse,

(1) Nous avons admis, il est vrai, que le statut de l'incapacité de la femme dépend de la loi du mari, et non pas de la loi personnelle de la femme; que d'autre part le changement de nationalité d'un seul des époux ne saurait lui conférer le droit *personnel* de divorcer. Mais, comme la majorité de la doctrine admet un système opposé, et attache par conséquent à la naturalisation d'un seul des deux époux les effets les plus graves, nous avons le droit de nous placer sur le terrain même de la doctrine pour démontrer qu'une femme mariée ne peut, ni seule, ni même autorisée de son mari, acquérir une nationalité différente de celle du mari.

le caractère synallagmatique et indissoluble du mariage s'oppose dans l'un comme dans l'autre cas, à ce que soit la femme seule, soit même les deux époux d'accord, ce qui n'est pas dans l'espèce, éludent les dispositions d'ordre public de la loi française qui les régit. »

Comment donc a-t-on pu soutenir qu'une femme mariée peut acquérir une nationalité étrangère, avec l'autorisation de son mari si elle n'est point séparée, et *sans aucune* autorisation si elle est séparée de corps? Peut-être a-t-on voulu rendre effectif ce prétendu droit qu'aurait la femme de changer de nationalité ; car il est peu vraisemblable qu'un mari, à supposer qu'il en ait le droit, consente jamais en fait à lui donner une semblable autorisation. Mais comment justifie-t-on cette distinction? On invoque d'abord un argument d'analogie : une femme mariée peut seule reconnaître un enfant naturel, changer de religion ; elle doit aussi pouvoir changer seule de nationalité, car c'est là un acte de même nature, étranger au patrimoine comme les actes précités. Ce premier argument est bien faible : la reconnaissance d'un enfant naturel est l'aveu d'un fait, encore cet aveu, fait au cours du mariage, ne peut-il nuire à l'autre époux ni aux enfants nés du mariage (art. 337) : le changement de religion est une affaire de conscience, personnelle à la femme et sans influence légale sur la religion des enfants, qui à cet égard dépendent du père seul. La naturalisation de la femme en pays étranger porte atteinte, au contraire, aux droits du mari et aux intérêts de la famille dont le mari a la garde. Au surplus, ceux qui argumentent ainsi manquent de logique en donnant pour la femme *integri status* une solution inverse de celle qu'ils adoptent pour la femme séparée ; la première en effet a, comme la seconde, le droit de reconnaître seule un enfant naturel, etc.

On répond, il est vrai, que seule la femme séparée, possédant un domicile distinct, peut satisfaire aux conditions de domicile auxquelles est subordonnée la naturalisation ; mais cette réponse est insuffisante, car la naturalisation est parfois concédée sans stage préalable, et d'ailleurs on peut supposer que deux époux non séparés ont, quoique Français, leur domicile à l'étranger. La distinction proposée est donc arbitraire ; ce qui est vrai, c'est qu'il n'y a aucune connexité entre le droit pour la femme d'avoir à l'étranger un domicile distinct et celui de s'y faire naturaliser. En effet le statut personnel dépendant de la nationalité, non du domicile (art. 3, 3°), l'incapacité de la femme mariée française la suit en quelque pays qu'elle réside, et son incapacité même fait obstacle à ce qu'elle puisse se prévaloir en France d'une naturalisation octroyée à elle seule par un souverain étranger. Une naturalisation est un acte à *double face* renfermant deux faits juridiques successifs : 1° *abdication* de la nationalité d'origine : 2° *acquisition* d'une nationalité nouvelle. L'État duquel émane la naturalisation est sans doute compétent pour déterminer quelles formalités un étranger doit remplir pour devenir sujet dudit État, mais sous une condition, c'est que cet étranger soit capable de disposer de sa personne ; or cette capacité ne peut être déterminée que par la loi de l'État dont on veut cesser d'être membre. Cette distinction suffit à réfuter l'objection du jurisconsulte allemand M. Blüntschli, qui, pour soutenir la validité de la naturalisation de Mme de Bauffremont, s'appuyait sur l'article 17 C. C. Cet article signifie simplement que la nationalité française n'est pas inaliénable, et qu'elle se perd par la naturalisation en pays étranger ; mais il ne traite point de la question de capacité, qui doit être tranchée, comme pour tout autre acte, selon les principes généraux. Une femme mariée étant incapable, ne peut, pas plus qu'un mineur ou un interdit, abdiquer librement sa nationalité ; l'acte de naturalisation qu'elle a obtenu d'un souverain étranger, ainsi que le divorce et le second mariage en vue desquels elle a sollicité cet acte, ne peuvent donc produire en France *aucun effet* légal. On a opposé à cette solution les principes de droit international public sur la souveraineté et l'indépendance des Etats ; mais ces principes ne sont pas en cause, puisqu'il s'agit non pas d'annuler un acte émané d'un gouvernement étranger, mais de refuser effet à cet acte sur le territoire français, ce qui est un usage légitime de la souveraineté. Cette distinction a été faite par la Cour de Paris, qui, tout en confirmant la partie principale du jugement du tribunal de la Seine portant annulation du second mariage de la princesse, réforma la première partie, qui annulait l'acte de naturalisation, « attendu qu'il suffisait de le déclarer inopposable au prince de Bauffremont pour avoir le droit d'annuler le second mariage de sa femme. »

La jurisprudence belge a statué dans le même sens que la jurisprudence française. Voici dans quelles circonstances le litige lui fut soumis. La Cour de Paris (1) avait prononcé contre la princesse, pour la contraindre à restituer au père la garde des enfants, une condamnation pécuniaire de 100 francs par jour de retard. Le prince, pour assurer l'exécution de ce jugement, ayant formé saisie-arrêt entre les mains d'un débiteur de sa femme domicilié en Belgique, et formé devant le tribunal de Charleroi une demande en validité de la saisie, le prince Bibesco

(1) C. Paris, 7 août 1876 et 13 février 1877, confirm. en Cass. le 18 mars 1878, S. 78. 1. 193.

s'avisa d'intervenir pour autoriser sa *femme* à ester en justice ; d'où protestation du prince de Bauffremont, qui invoqua, pour repousser cette intervention, les arrêts des cours françaises annulant le second mariage de la princesse. Il semble que le tribunal belge, tout en réservant sa liberté d'appréciation quant au fond (validité de la saisie), aurait dû rejeter *de plano* cette intervention par application du principe que les jugements étrangers relatifs à l'état des personnes produisent effet de plein droit (V. sur ce principe le chapitre suivant); mais, pour que ce principe s'applique, encore faut-il que le jugement émane d'une juridiction étrangère compétente. Or c'est précisément cette compétence des tribunaux français que le tribunal de Charleroi contesta pour admettre, par jugement du 3 janvier 1880, l'intervention du prince Bibesco : « Attendu que la naturalisation accordée à la princesse est un acte de gouvernement, que, selon les principes du droit public, aucun pouvoir ne peut en discuter la validité ni en modifier les effets ; qu'agir autrement, ce serait porter atteinte au droit de souveraineté des États..., etc.... » — Nous avons déjà réfuté cet argument à l'aide duquel, sous prétexte de respecter la souveraineté étrangère, on en vient à nier la souveraineté de la France sur son propre territoire. Aussi le jugement de Charleroi fut-il, sur ce point, réformé par la cour de Bruxelles (1), dont l'arrêt fut à son tour confirmé par la Cour de cassation de Belgique. Ces cours décidèrent que les juridictions françaises avaient agi dans les limites de leur compétence, en refusant tout effet à une naturalisation acquise à l'étranger par une femme mariée, inca-

(1) Cour de Bruxelles, 5 août 1880, S. 81. 4. 1. — C. de cass. belge, 19 janvier 1882.

pable d'après son statut personnel, et au divorce obtenu par elle en suite de cette naturalisation ; que, par suite, il y avait lieu d'accorder en Belgique l'autorité de la chose jugée à leur décision, et de rejeter en conséquence l'intervention du prince Bibesco (1).

Ajoutons, comme épilogue de cette fameuse affaire Bauffremont, que le tribunal civil de la Seine a, par jugement du 16 août 1884, prononcé la conversion du jugement de séparation de corps des époux de Bauffremont en jugement de divorce; la nouvelle loi aura ainsi mis fin à un litige qui avait pendant plusieurs années divisé les jurisconsultes de France, d'Allemagne et de Belgique.

(1) La Cour de Bruxelles refusa, il est vrai, comme le tribunal de Charleroi, de valider la saisie-arrêt, mais pour un motif tout différent : elle distingua, en effet, dans le jugement français deux parties : l'une réglant une question d'état, et non sujette à revision en Belgique, l'autre contenant une condamnation pécuniaire et sujette à revision au fond, d'après l'article 10 de la loi belge du 25 mars 1876 : en vertu de ce droit de revision, la Cour estimant que cette condamnation à des dommages et intérêts comminatoires constitue un moyen de contrainte extra-légal, refusa l'*exequatur*.

CHAPITRE V

DE LA JURIDICTION COMPÉTENTE POUR STATUER SUR LES CAUSES MATRIMONIALES, EN DROIT INTERNATIONAL.

La nationalité est seule attributive de compétence, d'après la jurisprudence française : nos tribunaux sont donc incompétents pour connaître de toute demande en nullité de mariage, en divorce ou séparation de corps, dans laquelle aucun Français n'est intéressé. Peu importe que les époux étrangers aient leur résidence ou même leur domicile légal en France : domicile ou résidence sont attributifs de compétence, il est vrai, en toute matière personnelle mobilière (art. 59 C. Pr. C.), mais la jurisprudence n'applique ce texte qu'aux contestations entre Français, ou entre Français et étrangers, et non aux litiges entre étrangers, sous prétexte que les tribunaux français ne sont institués que pour rendre la justice aux nationaux : elle n'admet d'exception qu'en faveur des étrangers admis à établir leur domicile en France par décret du chef de l'État, qui, d'après l'article 13 C. C., participent à tous les droits civils des nationaux. Nous ne pouvons examiner ici en détail cette théorie de la jurisprudence (1), car

(1) Cons. thèse de M. Gerbaut : *De la compétence des tribunaux français à l'égard des étrangers*, Nancy, 1882.

elle n'est point spéciale aux causes matrimoniales, qui seules font l'objet de notre étude. Rappelons cependant que la doctrine est presque unanime à la combattre, attendu qu'elle n'a pour elle aucun texte de loi (l'article 59 précité est général et ne comporte aucune distinction), qu'elle porte atteinte aux principes les plus essentiels de la justice, qui doit être égale pour tous, et aux intérêts mêmes de l'État, car une justice équitable est une garantie d'ordre public. On allègue parfois, pour justifier le système de l'incompétence, l'impossibilité de connaître et d'appliquer toutes les lois étrangères ; mais l'argument est peu concluant, pour deux raisons : 1° nombre de litiges entre étrangers peuvent être tranchés selon la loi française (exemple : forme d'un contrat passé en France, etc.); 2° en maintes hypothèses, nos tribunaux ne reculent pas devant la nécessité d'appliquer une loi étrangère, par exemple lorsqu'une contestation s'élève relativement à la forme d'un acte (mariage ou autre) passé par un Français à l'étranger, à la capacité d'un étranger qui a contracté avec un Français, au règlement d'une succession mobilière laissée en France par un étranger à des parents français, etc. Ajoutons que les autres nations n'hésitent pas à rendre la justice aux étrangers domiciliés sur leur territoire ; les Codes de procédure italien et belge décident expressément qu'un étranger peut citer un autre étranger devant un tribunal du royaume, pourvu que le défendeur y ait son domicile ou sa résidence. Les lois allemande, autrichienne, suisse, néerlandaise, etc., consacrent le même principe : l'Espagne et le Portugal ont des juges spéciaux, juges « conservateurs » des étrangers, pour connaître des litiges qui s'élèvent entre eux. Les tribunaux anglais eux-mêmes rendent la justice aux étrangers, pourvu qu'ils appartiennent à une nation *amie*, *id est* qui ne soit pas en guerre avec l'Angleterre. Il est regrettable que seuls en Europe nos tribunaux continuent à refuser justice aux étrangers établis en si grand nombre sur le territoire français. Quoi qu'il en soit, cette jurisprudence étant bien établie, nous devons en faire l'application au mariage. L'incompétence admise par la pratique n'est point, malgré les motifs d'intérêt général mis en avant, une incompétence absolue et d'ordre public : c'est une incompétence toute relative que le défendeur doit invoquer *in limine litis*, et à laquelle il peut renoncer ; elle diffère cependant des incompétences relatives ordinaires en ce que, malgré la renonciation du défendeur, le tribunal a la *faculté* de se déclarer incompétent. Tel est le droit commun : toutefois, en ce qui concerne les questions d'état, auxquelles se rattachent toutes les causes matrimoniales, nos tribunaux ont pris pour règle de se déclarer d'office incompétents (1), tandis que, dans les autres

(1) En ce sens : Cour Paris, 7 mai 1875, J[al] *Cl.* 76, p. 270 ; — Cass. S. 79. 1. 308 ; — Trib. Seine, 27 déc. 1881 et 18 août 1882, J[al] *Clun.*, 82, pp. 309 et 619, etc. Cependant, on admet généralement qu'un arrêt statuant au fond, alors que le défendeur a négligé d'opposer l'exception d'incompétence *in limine litis*, ne serait pas sujet à cassation. Ont statué au fond dans ces circonstances : la Cour de Paris, 23 juin 1850, S. 60. 2. 261 ; — la Cour de Caen, 16 août 1880, J[al] *Clun.*, 81, p. 262. Mais ces dispositions sont exceptionnelles. — La qualité actuelle et certaine d'étranger chez les deux parties est une condition nécessaire et suffisante pour entraîner l'incompétence des tribunaux français. Condition nécessaire : il faut en conclure qu'un tribunal français serait compétent pour connaître d'une demande en nullité d'un mariage contracté entre un étranger et une Française ; car si la demande est bien fondée, la femme n'aura jamais cessé d'être française, et pour en apprécier le bien fondé, il faut l'examiner au *fond* Condition suffisante : la Cour d'Amiens s'est, par exemple, déclarée incompétente au sujet d'une demande en séparation de

litiges, ils statuent fréquemment au fond si le défendeur y consent. Cette incompétence quasi absolue des tribunaux français en ce qui concerne les questions d'état, est difficile à justifier : elle repose en effet sur une confusion entre la loi applicable et la juridiction compétente : de ce principe évident que l'état des étrangers doit être régi par leur loi nationale, notre jurisprudence conclut à son incompétence et à la compétence exclusive des tribunaux du pays de ces étrangers. Il n'y a cependant, en réalité, aucune corrélation nécessaire entre la loi applicable et la juridiction compétente : nous avons en effet indiqué plusieurs cas où nos tribunaux n'hésitent pas à appliquer la loi étrangère, reconnaissant par ce fait même que la *lex fori* n'est pas la seule loi dont on puisse se prévaloir devant eux. La nationalité prise comme base unique de compétence, abstraction faite du domicile réel, présente les plus graves inconvénients pratiques : le renvoi du litige devant la justice nationale du défendeur, au cas où celui-ci est domicilié en France, équivaut parfois à un déni de justice absolu, car les tribunaux de son pays pourront à leur tour se déclarer incompétents (1) ; le défendeur n'ayant par hypothèse dans son pays d'origine aucun domicile attributif de compétence. C'est en vain qu'on chercherait dans nos Codes un texte consacrant la

corps entre deux étrangers, bien que la femme ne fût devenue étrangère que par son mariage, que le mariage eût été célébré en France, et que le contrat de mariage eût stipulé la communauté, régime de droit commun français (Amiens, 24 août 1880, S. 82. 2. 80.)

(1) Il résulte notamment d'une consultation de M. Asser que les tribunaux hollandais sont incompétents pour prononcer le divorce des Hollandais domiciliés à l'étranger, (Trib. corr. Seine, 22 mars 1881, J[al] *Clun.* 82. p. 64.)

compétence extraordinaire des juridictions françaises pour les questions d'état intéressant des Français non domiciliés ni résidant en France : doit-on s'adresser au tribunal de l'ancien domicile, si toutefois il est connu ou que le Français en ait jamais eu un, car il peut avoir toujours résidé hors de France? Mais c'est une solution arbitraire et sans fondement légal. Il est donc plus logique et plus conforme à la loi de dire que la compétence se règle uniquement d'après le domicile ou la résidence des parties, et non d'après leur nationalité. (V. Glasson, *Journal Clunet,* 1881, p. 105, en ce sens.) Tels sont les principes consacrés expressément par le nouveau Code de procédure de Belgique (loi du 15 mars 1876). Mais la Cour de cassation belge n'avait pas attendu cette loi pour interpréter libéralement l'article 59 C. Pr. C., que les tribunaux français prétendent n'appliquer qu'aux litiges des Français, et pour valider en conséquence des séparations de corps prononcées par des tribunaux belges, entre époux français résidant en Belgique, conformément à leur loi personnelle.

Quoi qu'il en soit, cette tendance à rapprocher, à confondre même les questions de compétence et de statuts n'est pas spéciale à la jurisprudence française. La jurisprudence italienne y obéit également ; c'est ainsi que, malgré les termes généraux du Code de Procédure italien, malgré l'article 6 des Dispositions préliminaires du Code civil, aux termes duquel « l'état et la capacité des personnes sont réglés par la loi de la nation à laquelle elles appartiennent », la Cour de Milan (1) s'est déclarée incompétente pour statuer sur une demande en séparation de corps entre étrangers ; l'article 6 ne confère, d'après elle, aux tribunaux italiens d'autre droit que celui de

(1) C. Milan, 15 février 1876, J[al] *Clun.* 76. p. 220.

statuer sur les questions d'état des étrangers soulevées *incidemment* à un autre litige. Cette jurisprudence est d'ailleurs vivement combattue par les principaux jurisconsultes italiens. En Hollande, ce système a l'appui de la doctrine elle-même : M. Asser considère que « dans les procès civils, la nationalité des parties doit rester sans influence sur la compétence des juges, sauf dans les cas où la nature même du litige doit faire admettre la compétence des juges nationaux de l'une des parties, comme dans les procès concernant la nationalité et la famille. » Cette solution est d'autant moins rationnelle que les tribunaux hollandais refusent de prononcer le divorce des Hollandais domiciliés hors du royaume.

Les tribunaux anglais ou allemands, au contraire, se déclarent compétents pour toutes contestations relatives à l'état des étrangers domiciliés : il est vrai qu'en matière de séparation de corps ou de divorce, ils appliquent invariablement la *lex fori ;* mais ils ne refusent pas de connaître également des actions en nullité de mariage des étrangers pour vice de forme ou incapacité, bien que la *lex loci contractus* ou la loi du domicile des époux au jour du mariage, applicables à ces procès en nullité, puissent être différentes de la *lex fori.*

Au principe de l'incompétence, la jurisprudence française apporte quelques exceptions, soit au nom de l'ordre public, soit à raison des traités internationaux.

1° Au nom de l'ordre public : les tribunaux français s'attribuent compétence pour prendre toutes le mesures provisoires ayant un caractère d'urgence, par exemple pour autoriser la femme à quitter provisoirement le domicile du mari, quand la vie commune est devenue impossible ; pour contraindre le mari à lui fournir des aliments durant cette séparation, enfin ordonner telles dispositions qu'ils jugeraient nécessaires pour la garde des enfants et la conservation des biens. Ces mesures n'ont jamais qu'un caractère *provisoire*, c'est-à-dire que le tribunal ne statue pas au fond, mais renvoie le demandeur devant les tribunaux de son pays en lui fixant un délai pour obtenir de ceux-ci la séparation de corps ou le divorce; passé ce délai, les mesures ordonnées par le tribunal cessent de plein droit leur effet, sauf à les renouveler si cela est jugé nécessaire (1). Il est facile d'apprécier combien ce système est peu rationnel ; l'intérêt général exigerait évidemment une séparation *définitive*.

Outre ces mesures d'urgence, la jurisprudence sanctionne, par mesure d'ordre public, les principales obligations naissant du mariage : l'obligation pour la femme d'habiter avec son mari, pour le mari de recevoir sa femme (2), ainsi que l'obligation alimentaire (3). Ajoutons, pour terminer, que les questions relatives à l'état d'un étranger, soulevées incidemment à un litige pour lequel les tribunaux sont compétents, peuvent être examinées par ces mêmes tribunaux, en vertu du principe : *Accessorium sequitur principale* (4).

(1) En ce sens : Lyon, 25 fév. 1857, S. 57. 2. 625; — Trib. Seine, 1er déc. 1877, 21 janv. 1880, 15 août 1881 et 18 août 1882. Jal *Clun*. 78. p. 45, — 80. p. 194, — 81. p. 526, — et 82. p. 619. — C. Amiens, 24 août 1880, Jal *Clun*. 82. p. 313. — Cass. req. rej., 16 avril 1878, Jal *Clun*. 78. p. 506.

(2) Alger, 6 juin 1870, S. 71. 2. 45. — Paris, 3 août 1878, Jal 78. p. 495, — et 20 avril 1880, Jal 80. p. 300. — Trib. Seine, 31 août 1878 et 3 mai 1879, Jal 79. pp. 66 et 489.

(3) Trib. Seine, 3 mai 1879, Jal 79. p. 489. — *Contrà :* Paris, 24 août 1875, S. 76. 2. 212.

(4) Cass., 13 déc. 1865, S. 66. 1. 157. — Lyon, 21 juin 1871, S. 72. 2. 201.

2° Les tribunaux français sont compétents dans les cas où une loi ou un *traité* leur attribuent expressément compétence. Une loi : exemple l'article 13 C. C. pour les étrangers admis à établir leur domicile en France. Un *traité diplomatique :* le traité franco-russe de 1867, le traité franco-suisse du 15 juin 1869 (1) autorisent les sujets de chaque pays contractant à assigner leurs compatriotes, domiciliés sur le territoire de l'autre État, devant le tribunal du domicile du défendeur, sans que l'exception d'extranéité puisse être opposée. Il est vrai que l'étendue d'application de ces traités a soulevé des difficultés : la Cour de Paris (2) a récemment décidé que le traité franco-suisse n'était point applicable aux séparations de corps et a confirmé un jugement du tribunal de la Seine par lequel celui-ci s'était déclaré *d'office* incompétent. D'autre part, nous avons dit plus haut que le tribunal fédéral suisse, considérant la séparation de corps comme contraire à l'ordre public, a annulé plusieurs décisions des tribunaux genevois prononçant la séparation de corps d'époux français selon leur loi personnelle. La Cour de cassation de France (3) suit un système

(1) Traité *franco-suisse :* voir S. 69. 4. 425.

(2) C. Paris, 28 avril 1882, Jal. 82. p. 546 : « Considérant que, d'une part, la séparation perpétuelle n'est pas admise par la loi fédérale suisse de 1874, cette loi n'autorisant que le divorce, lequel est prohibé par la loi française ; que d'autre part, l'article 1er du traité n'attribue compétence aux tribunaux des deux pays que pour les contestations en matière mobilière et personnelle, civile et de commerce, et les actions en garantie, que ces expressions ne concernent que les litiges relatifs à un objet pécuniaire, que, enfin, aux termes de l'article 11, les tribunaux de l'un ou l'autre pays, saisis d'une demande pour laquelle ils sont incompétents doivent se dessaisir d'office, etc.

(3) Cass. req., 1er juill. 1878, Jal. 78. p. 450.

mixte : elle reconnaît que les termes généraux du traité « en matière personnelle » visent même les questions d'état, et conclut à la compétence de nos tribunaux pour prononcer la séparation de corps des Suisses domiciliés en France ; mais elle leur refuse au nom de l'ordre public, le droit de prononcer le divorce, seul admis par la loi personnelle des époux suisses. Le rétablissement du divorce en France, faisant disparaître les considérations d'ordre public qui mettaient obstacle au divorce des Suisses en France et à la séparation de corps des Français en Suisse, permettra de donner enfin au traité franco-suisse l'interprétation extensive que ses termes généraux comportent.

La « déclaration » du 1er septembre 1860 entre la France et l'Italie, interprétative du traité du 24 mars 1760 entre la France et la Sardaigne, décide, comme les traités précités, que les jugements des tribunaux de l'un des États contractants seront rendus exécutoires sur le territoire de l'autre État en vertu d'un simple *pareatis* sans qu'il y ait lieu à *revision au fond*. Mais elle ne statue pas expressément sur la question de compétence ; aussi la plupart des tribunaux français (1) se déclarent-ils incompétents pour les contestations entre Italiens. Cependant la cour d'Aix considère que le traité de 1760 a implicitement attribué compétence aux tribunaux français pour ces contestations.

Quel est, en France, *l'effet d'un jugement étranger* prononçant la nullité d'un mariage, la séparation de corps ou le divorce (2) ? Puisqu'il est de principe, en jurispru-

(1) Trib. Seine, 27 avril 1865, Jal. 76. p. 362. — Alger, 1874, S. 74. 2. 103. — *Contrà :* Aix, 13 mars 1879, Jal. 82. p. 389.

(2) V. Thèse de M. Lemoine sur les *Effets produits par les jugements étrangers*, Nancy, 1881.

dence, que les juridictions nationales ont sur ces questions une compétence exclusive, la conclusion s'impose : les jugements étrangers relatifs à l'état des étrangers doivent avoir en France *de plano* l'autorité de la chose jugée. Il n'y a là aucune atteinte à la souveraineté française ; car autre chose est l'autorité de la chose jugée, autre chose la *force exécutoire* attachée aux jugements : les jugements étrangers dont nous parlons, en tant qu'ils ont besoin d'être *exécutés*, devront recevoir l'*exequatur* d'un tribunal français (1), mais on doit leur faire produire de plein droit tous les effets dont ils sont susceptibles sans exécution matérielle. En conséquence, il faudra tenir en France pour dûment établi l'état résultant du jugement étranger : que cet état en effet résulte directement de la loi de la personne, ou qu'ayant été contesté, il ait été fixé par une décision judiciaire basée sur cette loi, la situation est identique (2). Il n'y a même pas lieu de distinguer entre les jugements déclarant l'état ou la capacité de leurs nationaux, par exemple constatant la nullité d'un mariage contracté en violation du statut personnel, et les jugements modifiant cet état, comme un jugement de divorce. Tous ont en France autorité de chose jugée, pourvu qu'ils émanent d'une juridiction *compétente*. Par application de ce principe, l'autorité de chose jugée sera reconnue par les tribunaux français aux décisions de tribunaux étrangers relatives

(1) Est soumise à l'*exequatur*, par exemple, la partie d'un jugement de divorce ordonnant à un époux, sous peine de dommages et intérêts, de restituer à l'autre époux la garde des enfants. (Voir ci-dessus affaire Bauffremont devant les tribunaux belges.)

(2) En ce sens : Bordeaux, 22 déc. 1847, S. 48. 2. 218. — Cass. civ., 15 juill. 1877, S. 78. 1. 820. — Trib. corr. Seine, 25 janv. 1882, Jal. 82. p. 74.

à l'état ou à la capacité des personnes ressortissant de ces tribunaux prr leur natienalité, ou même par leur domicile, s'il s'agit d'étrangers dont la loi nationale délègue sa compétence naturelle aux tribunaux du domicile (exemple : lois allemande ou anglaise). Un tribunal français tiendrait donc pour valable un jugement de divorce prononcé par un tribunal allemand entre deux Anglais domiciliés à Berlin, et pour nul un jugement semblable prononcé par le même tribunal entre deux Italiens domiciliés dans cette même ville : en effet un tel divorce est régulier au regard de la loi anglaise, nul au regard de la loi italienne. A fortiori, la jurisprudence française ne peut-elle, d'après son système, reconnaître aucun effet aux jugements des tribunaux étrangers prononçant la nullité du mariage, ou le divorce d'époux français domiciliés dans le ressort de ces tribunaux, sauf les exceptions résultant des traités. Dans le système que nous avons défendu, et qui rattache la compétence au domicile, les tribunaux étrangers, au contraire, peuvent régulièrement statuer sur les contestations relatives à l'état des Français domiciliés dans leur ressort, à condition de leur appliquer la loi française (art. 3. 3°).

CONCLUSION

Nous avons étudié, dans leur ensemble, les lois qui, soit en France, soit dans les principaux États étrangers, régissent le mariage en droit international. La conclusion qui se dégage de ces recherches est que, si des progrès importants ont été faits en ce siècle, il reste encore plus à faire pour parvenir au but que toutes les nations devraient poursuivre de concert, c'est-à-dire à l'adoption de principes communs résolvant tous les conflits de législation. Aujourd'hui encore, un grand nombre des conflits que soulève le mariage demeurent insolubles : tels, les conflits mettant en présence deux lois, dont l'une prohibe, l'autre admet le divorce, dont l'une a établi le mariage civil, l'autre conservé le mariage religieux, dont l'une admet, l'autre méconnaît le statut personnel; dans toutes ces hypothèses, le mariage susceptible d'être régi par les deux lois est valable pour l'une, et pour l'autre nul et de nul effet. Toutefois il est certain que le nombre de ces conflits a diminué par le concours des deux causes suivantes : 1° extension du mariage civil et, dans une moindre proportion, du divorce ; 2° progrès du principe de la personnalité des lois sur l'état et la capacité des individus, dans les pays jusque là fidèles, comme l'Angleterre, à la réalité féodale. Mais l'accord n'est point encore obtenu sur bien des points, notamment sur les bases mêmes du statut personnel, qui pour les uns dépend de la *nationalité*, pour les autres, du *domicile*. Nous avons indiqué dans notre première partie quels sont les principes d'après lesquels les conflits relatifs au mariage semblent devoir être tranchés : ils se résument dans l'application de la *lex loci contractus* aux formes extrinsèques, et de la loi nationale des parties aux conditions de capacité, aux effets et aux causes de dissolution du mariage, sauf les restrictions qu'exige l'ordre public. Mais ces principes, défendus par la majorité de la doctrine française, italienne ou belge, sont combattus par l'école allemande de Savigny, fidèle à la *lex domicilii*. Comment les faire prévaloir en pratique, ou tout au moins arriver à une transaction acceptable ? On a proposé comme solution du problème l'organisation d'un *Comité* ou *Office international* de jurisconsultes (1), qui résoudrait les difficultés relatives à l'application des lois d'un État sur le territoire d'un autre État, d'une manière uniforme et selon des principes préalablement discutés et acceptés par les représentants des divers États dans le Comité. Cet office international sera-t-il constitué dans un avenir prochain ? Il est permis d'en douter ; son fonctionnement et la délimitation de sa compétence soulèveraient de grandes difficultés pratiques. Il est certain cependant que la réunion d'un certain nombre de jurisconsultes des diverses nations, dans un congrès ou conférence, serait le moyen le plus sûr et le plus

(1) D'un *projet de règlement international en matière de mariage*, par M. Lehr, conseil de l'ambassade de France en Suisse (Jal *Clun.*, 1884. p. 49). D'après cet auteur, la compétence de cet Office serait restreinte aux questions de mariage ; mais rien n'empêche en théorie de lui assigner une mission plus générale.

rapide de parvenir à un accord, sinon sur toutes les questions, si nonbreuses et si complexes, du droit international privé, au moins sur certaines d'entre elles, en particulier sur les questions de mariage, dont le règlement international serait de la plus haute importance au point de vue des relations entre les sujets des différents États.

TABLE DES MATIÈRES

10208. — Tours, imprimerie Rouillé-Ladevèze.

www.ingramcontent.com/pod-product-compliance
Ingram Content Group UK Ltd.
Pitfield, Milton Keynes, MK11 3LW, UK
UKHW020314230726
13925UKWH00002B/403